历史的丰碑丛书

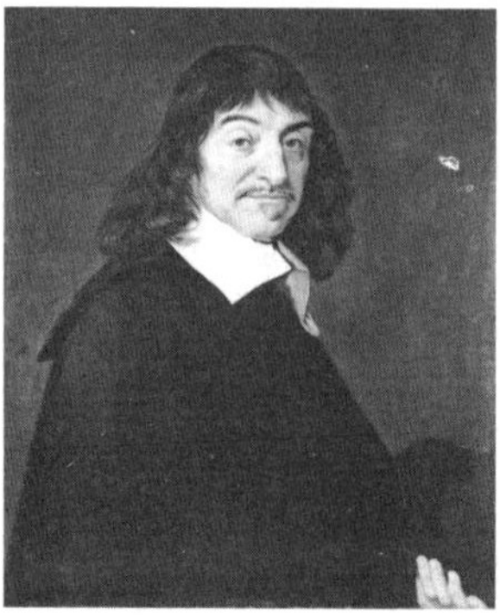

思想家卷

近代理性主义的创始人
笛卡尔

相秀丽

吉林人民出版社

图书在版编目(CIP)数据

近代理性主义的创始人——笛卡尔 / 相秀丽编著．
-- 长春：吉林人民出版社, 2011.4（2025.4 重印）
（历史的丰碑丛书）
ISBN 978-7-206-07611-4

Ⅰ．①近… Ⅱ．①相… Ⅲ．①笛卡尔, R.（1596～1650）—生平事迹—青年读物②笛卡尔, R.（1596～1650）—生平事迹—少年读物 Ⅳ．① B565.21-49

中国版本图书馆 CIP 数据核字 (2011) 第 037533 号

近代理性主义的创始人 笛卡尔
JINDAI LIXING ZHUYI DE CHUANGSHIREN DIKAER

编　　著：相秀丽
责任编辑：崔　晓　　　封面设计：孙浩瀚
制　　作：吉林人民出版社图文设计印务中心
吉林人民出版社出版 发行（长春市人民大街7548号 邮政编码：130022）
印　刷：北京一鑫印务有限责任公司
开　本：787mm×1092mm　　1/16
印　张：8　　字　数：72千字
标准书号：ISBN 978-7-206-07611-4
版　次：2011年4月第1版　　印　次：2025年4月第3次印刷
定　价：35.00元

如发现印装质量问题，影响阅读，请与出版社联系调换。

编者的话

"欲知大道，必先为史"。

回溯人类的足迹，人们首先看到的总是那些在其各自背景和时点上标志着社会高度和进步里程的伟大人物。他们是历史的丰碑，是后世之鉴。

黑格尔说："无疑，一个时代的杰出个人是特性，一般说来，就反映了这个时代的总的精神。"普希金说："跟随伟大人物的思想是一门引人入胜的科学。"

以史为鉴，面向未来。作为21世纪的继往开来者，我们觉得，在知史基础上具有宽广的知识结构、开阔的胸襟和敏锐的洞察力应是首要的素质要求，而在历史的大背景

◆ **历史的丰碑丛书**

中追寻丰碑人物的思想、风范和足迹，应是知史的捷径。

考虑到现代人时间的宝贵，我们期盼以尽量精短的篇幅容纳尽量丰富的信息，展现尽量宏大的历史画卷和历史规律。为此，我们编撰了这套丛书。

编撰丛书的过程，也是纵览历代风云、伴随伟人心路、吸收历史营养的过程。沉心于书页，我们随处感受着各历史时期伟大人物所体现的推动历史进步的人类征服力量。我们随着伟人命运及事业的坎坷与辉煌而悲喜，为他们思想的深邃精湛、行为的大气脱俗而会意感慨、拍案叫绝。

然而，在思想开始远游和精神获得享受的同时，我们也随之感受到历史脚步的沉重

◆ 编者的话 ◆

和历史过程的曲折。社会每前进一步都是艰难的，都伴随着巨大的痛苦和付出。历史的伟大在于它最终走向进步，最终在血污中诞生了鲜活的"婴孩"。

历史有继承性和局限性，不能凭空创造。伟人也有血肉，他们的思想、行为因此注定了同样具有历史的局限性和阶级的、时代的烙印；他们的功业建立于千千万万广大人民群众伟大创造的基础上。历史是人民群众创造的，伟大的人物们是历史和时代造就的。同时，我们也无法否定此间他们个人的努力。这也正是我们编撰这套丛书的目的。

我们期盼着这套丛书得到社会的认同，对读者，特别是青少年读者之历史感、成就感和使命感的培养有所裨益。史海浩瀚，群

◆ 历史的丰碑丛书

星璀璨。我们以对广大青少年读者负责的精神，精心遴选，以助力青少年成长进步，集结出版了《历史的丰碑》系列丛书，敬请读者批评、指正。

历史的丰碑丛书

编委会

策　划：胡维革　吴铁光
　　　　林　巍　冯子龙

主　编：胡维革　邢万生

副主编：贾淑文　谷艳秋

编　委：（按姓氏笔画为序）
　　　　于二辉　刘士琳
　　　　刘文辉　孙建军
　　　　李艳萍　吴兰萍
　　　　杨九屹　隋　军

笛卡尔，哲学巨擘，科学泰斗。

笛卡尔生于优渥，死于苦寒。他一辈子东躲西藏，全为了难得的宁静。可他又性喜酬答，终因迁就虚有其表的王室而送了性命。

笛卡尔给哲学和科学带来的不是一个新的观点，而是一个新的时代。圣哲的殿堂，一直供奉他为近代哲学之父，理性主义的先师；科学之园中，笛卡尔贡献出解析几何，就此开创了近代数学。

笛卡尔描绘了一棵人类知识之树。树根是形而上学或第一哲学，树干是物理学或自然哲学，树枝是各门具体科学，其中三个主枝是机械学、医学和伦理学：机械学研究舟车之利，为生活造福；医学为了身体健康；伦理学为了灵魂安宁。总之，一切都是为了人，为了人的幸福，为了使人成为自然的主人。

目 录

天才的世纪 ◎ 001

优渥的少年 ◎ 009

拉弗赖舍 ◎ 019

喧嚣与宁静之间 ◎ 032

军旅与梦 ◎ 044

读世界这本大书 ◎ 061

隐居荷兰 20 年 ◎ 079

要命的讲学 ◎ 108

历史的丰碑丛书

天才的世纪

> 一个勇士的成功,常常会激励一代人的勤勉和勇敢。
>
> ——茨威格

一个人,从呱呱坠地,到入土为安,不过数十个春秋。这样倏乎即逝的生命,凭什么在万古不息的历史长河中留下不可消磨的印记呢?

中国人有句古话,叫作"太上立德,其次立功,其次立言",说的是一个人要流芳千载,最高等的办法是以圣洁的德性树立风标,垂诸后世,百代效仿。孔子以仁义成圣人,老子以隐逸为楷模,耶稣以恬然赴死令后人折服,佛陀以断念出世引来亿万信众。要是做不到立德,就去驰骋天下执掌江山社稷,像秦始皇那样,像马其顿大王亚历山大那样,像成吉思汗那样;假如上面两条都做不到,那就著书立说,成为全民族、全人类的教师。虽然以"立言"而不朽的方式排在最末,可它有时也和第一等的"立德"水乳交融,圣人先知既以行感染人,也以言教诲人。立言的人也许在

他活着的时候还不能有盛大的实业，可他能为后人达成美好幸福的生活创造条件，这也不是一般人说创造就能创造出来的。

"立言"的人往往是思想巨匠、文化伟人。笛卡尔——就是一位绝代的思想巨匠，他给我们留下的精神遗产，早胜过了由马上皇帝创下的江山。

1996年3月31日，是笛卡尔诞生400周年纪念日。他4岁的时候，一个伟大的世纪开始了。这个世纪的伟大，当然也有笛卡尔的一份功劳。人们常常这样形容：17世纪是天才的世纪。这可一点也不夸张。100年的时间和漫长的历史相比只不过是一会儿，却产生了一千年兴许也不凑齐的璀璨的智慧群星。笛卡尔的时代就是如此辉煌灿烂，是斑斑驳驳的文明史上最伟大的智力时期之一：费玛和帕斯卡这两位大数学家是笛卡尔

← 象征法国国旗的烟雾

的同胞，又是同代人。费玛留下一道看似简单的算术题，在n比2大时，把任意一个数的n次方拆成另外两个数的n次方之和。费玛说能，还知道怎么证明，可惜没写下来。400多年来，无数一流的数学家为此绞尽了脑汁，既证明不了能，也证明不了不能。帕斯卡和费玛还是概率论的创始人，帕斯卡自己还造出了世界上第一架计算机，他还是一位伟大的哲学家；莎士比亚——这名字像北极星一样光芒四射，他辞世时笛卡尔20岁；笛卡尔比伽利略多活了8年，伽利略是近代自然科学的第一个"重镇"，是他运用了真正的实验方法，开辟了人类知识的新天地，是他把数学和物理学结合，从此使物理学突飞猛进，所向披靡，伽利略的思想和个人生活遭遇还曾深深影响过笛卡尔；笛卡尔死的时候牛顿8岁，牛顿的万有引力学说让我们恍然大悟天上星星地上草木本服从同一个规律，也由于有牛顿的智慧，我们才能把火箭送上天，才能实现

→费马

← 法国中世纪卢瓦尔河城堡

太空旅行；伟大的诗人弥尔顿出生时笛卡尔12岁，他壮丽的《失乐园》震撼过无数善感的心灵；血液循环的发现者哈维比笛卡尔多活了7年；而当电磁学的奠基人吉尔伯特去世时，笛卡尔刚好7岁。

笛卡尔的世纪还有如下耀人眼目彪炳千秋的名字："太空的立法者"天文学家开普勒，《堂吉诃德》的作者塞万提斯，大物理学家惠更斯，近代化学之父波义耳，和牛顿并称为微积分创始人又是计算机鼻祖的莱布尼茨，现代欧美政体的始作俑者——洛克，大画家鲁本斯·伦勃朗，文学家高乃依、莫里哀、拉辛、拉封丹，还有哲学家培根、霍布斯、斯宾诺莎，等等。

谁能哪怕和其中一个或几个人共顶同一片苍穹，

近代理性主义的创始人　**笛卡尔**

同赏一轮明月,那是三生有幸了。我们这里的主人公笛卡尔身在其中,当然不辱没"伟大"这个形容词,他使这个本已辉煌的罕见阵势更加灿烂。笛卡尔创立的解析几何学威力无比,给数学创造了一次大统一。笛卡尔还是杰出的物理学家,且更被誉为"近代哲学之父"。

不过,上面济济一世的才子们却都可算是"乱世英豪",因为这个万家迭起的时代也是欧洲历史上最支离破碎分崩瓦解的年月之一。时代的旧秩序正在迅速崩溃,新秩序却尚未建立。中世纪掠夺成癖的贵族、国王和皇家子弟繁衍出一群群的统治者,他们信奉巧取豪夺的盗贼伦理,其实大多只有马厩小厮的智力。"只要我的臂膀强壮有劲,就能把你的东西抢来,那纵然'公理'认为是你的东西也是我的。"这大约就是文艺复兴后期那种又辉煌又糟糕的时期的历史图画。

在笛卡尔的时

← 德国天文学家开普勒

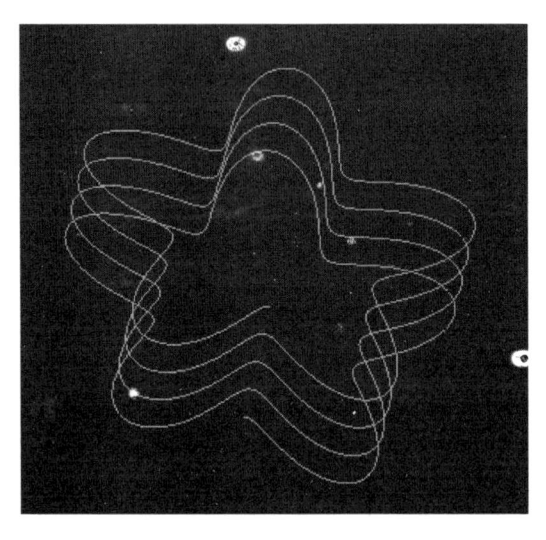

← 鼓形线 笛卡尔方程

代，掠夺性战争之上还沉积着大量的宗教偏执和不宽容。宗教改革引发的宗教战争席卷全欧，对立教派教徒的血染遍了一切角落。从王公大臣到平民百姓，每个人都有信仰上的冤家，很多人都是另一些人追索性命的敌人。普遍的偏执狂热孵化出了更多的战祸，也使不带偏见的科学研究成了有性命之虞的危险事儿。这一切不算完，还得加上对基本卫生常识的普遍无知。富人的公馆也像穷人在肮脏和愚昧中挣扎的贫民窟一样污浊不堪；一再流行的瘟疫全不顾人口状况，帮助一次次的战争，把有生育能力的人口减到不能再少的程度。

相关链接
XIANGGUAN LIANJIE

数学中的"笛卡尔"

笛卡尔坐标系

在数学里,直角坐标系是一种正交坐标系。二维的直角坐标系是由两条相互垂直、0点重合的数轴构成的。在平面内,任何一点的坐标是根据数轴上对应的点的坐标设定的。在平面内,任何一点与坐标的对应关系,类似于数轴上点与坐标的对应关系。采用直角坐标,几何形状可以用代数公式明确地表达出来。几何形状的每一个点的直角坐标必须遵守这代数公式。

由于它是笛卡尔在1637年创立的,因此也称之为"笛卡尔坐标系"。

笛卡尔符号法则

这一法则是一个用于确定多项式的正根或负根的个数的方法。笛卡尔在他的作品《LaGéométrie》中描述:

如果把一元实系数多项式按降幂方式排列,

则多项式的正根的个数要么等于相邻的非零系数的符号的变化次数,要么比它小2的倍数;而负根的个数则是把所有奇数次项的系数变号以后,所得到的多项式的符号的变化次数,或者比它小2的倍数。

欧拉–笛卡尔公式

欧拉–笛卡尔公式,是几何学中的一个公式。

该公式最早由法国数学家笛卡尔于1635年左右证明,但不为人知。后瑞士数学家莱昂哈德·欧拉于1750年独立证明了这个公式。1860年,笛卡尔的工作被发现,此后该公式遂被称为欧拉–笛卡尔公式。

该公式的内容为:在任意凸多面体,设V为顶点数,E为棱数,F是面数,则V–E+F=2。

笛卡尔叶形线

笛卡尔在1638年提出笛卡尔叶形线——一个代数曲线。笛卡尔叶形线的隐式方程:

$x^3+y^3-3axy=0$

极坐标中方程分别为

$r(\theta)=3a\sin\theta\cos\theta/(\sin\theta)^3+\cos\theta$

近代理性主义的创始人　**笛卡尔**

优渥的少年

> 一切幸福都并非没有烦恼，而一切逆境也绝非没有希望。
>
> ——培根

1596年3月31日，勒内·笛卡尔诞生于法国南部土伦省莱依镇的一个贵族家庭。他的家庭是穿袍贵族。祖上从南边的普瓦蒂埃移民到莱依镇，在这里置办田产，定居下来。笛卡尔的母亲自己有庄园，父亲约亚金·笛卡尔当时是布列塔尼省雷恩市的法官。

命运总好捉弄人，看来笛卡尔一开始并没能牢牢抓住优渥的生活。笛卡尔上有一哥一姐，排行第三。他生来就像不足月的架势，瘦小枯干，没一点劲儿，屡屡不禁微风一吹，仿佛命运再嘘口气，纤细的生命线就得断掉。所幸笛卡尔的两个舅舅对他钟爱有加，呵护不止，他由奶妈带着，照抚于普瓦蒂埃的姥姥家。万般精心、无微不至的料理使这个十有八九要扔的孩子活下来了。照顾小生命的人们真是功德无量，他们还不知道他们救护的是未来震古烁今的大思想家。笛卡尔的名字可能和幼年的惊险有关,因为"勒内"的意思就是"再生"。但他小时候家里人都管他叫佩隆,佩隆是个地名,在那里有他母亲留给他的产业。

不过厄运的阴影还要再浓重一回。笛卡尔刚躲过死神收割的镰刀不久,那镰刀却割去了他生身母亲的性命。笛卡尔后来曾在一封信中写道:"我生下几天,我母亲就死了,她生于忧患,得了痨病。"他的母亲死于肺结核。这种病今天的人们一般不会得,得了也死不了人。可在400年前的医疗和卫生条件下,它却是不治的绝症。一旦染上,无药可医,只有等死,而染上的人又很多。普通老百姓自然不在话下,那时许多王公贵族,智慧精英也都因染肺疾而终,笛卡尔本人死的时候就与肺病有关。

笛卡尔并不是一个早慧的天才,幼年没有很多事迹流传下来。笛卡尔长大以后,就离开了故园,去周游世界(其实从来没有超出过欧洲)。等到这位乡贤名扬西欧的时候,他诞生的小小莱依镇就改名

← 物理学家惠更斯

近代理性主义的创始人　**笛卡尔**

了，称作"笛卡尔莱依镇"，他出生的小屋也受到保护，供人瞻仰朝觐，日后的巴黎第五大学就以他的伟大功绩而命名为"笛卡尔大学"。

笛卡尔4岁的时候，文明的历史脚步跨进了一个新的世纪——17世纪。颇富嘲讽意味的是，这个世纪虽然天才如过江之鲫，它却是以烧死一个伟大的思想斗士宣布开始的。1600年的2月份，天主教教皇统治下的罗马，在鲜花广场上，干柴丛集，中央的火刑柱上绑缚着一个人。他蓬首垢面，多年的囚禁害得他只剩下皮包着骨头了，但此人目光如炬，神情昂扬，仿

→笛卡尔

佛不是他要遭判决而死，倒是他要审判缧绁之外高高在上的法官们似的。这个人就是伟大的乔尔丹诺·布鲁诺。

← 乔尔丹诺·布鲁诺

布鲁诺从18岁到28岁，在修道团体中潜心钻研神的学问。可是结果并不是他成为虔诚的信徒，而是天主教教义成了被怀疑的对象。这下就捅了马蜂窝。他被指控为异端，他遭到通缉，他逃跑了。布鲁诺逃亡之路也是他漫游欧洲之路。他先去热那亚，然后是萨沃纳、都灵、帕多瓦、里昂、日内瓦、图卢兹、巴黎、伦敦、马堡、威丁堡、布拉格、赫尔姆斯塔特、法兰克福。布鲁诺可不是一个负案在逃的蟊贼，整日里只是东躲西藏，他每到一处，既是为避祸，也是为求学，为讲学，为了自由思想。然而，布鲁诺在法兰克福惹出了麻烦。

他鬼使神差地听信了一个威尼斯贵族乔瓦尼·莫切尼哥的甜言蜜语，接受了这个人假惺惺的邀请，回了意大利。真是天堂有路地狱无门。布鲁诺先是在帕

近代理性主义的创始人　**笛卡尔**

多瓦逗留几日，然后到威尼斯那个伪善者的家里住下来，名义上是莫切尼哥的客人和家庭教师。已然蒸好的肉，急切的牙齿是等不了多久的。几天过后，莫切尼哥向宗教裁判所告发了布鲁诺。受骗的羔羊锒铛入狱，时间是1592年年末。

起初，布鲁诺试探允诺放弃个人意见，以图施缓兵之计，再从魔爪中滑脱。但宗教裁判所决不会轻易放过日思夜想的猎物，非把他置于死地而后快，断然不睬布鲁诺的妥协。以后，布鲁诺能见到的，就只是监狱漆黑的四壁、阴郁的法官、血污的刑具和最后将彻底使他解脱的如蛇烈焰。绝望摧垮过许多人，可真正的斗士却会因绝望而彻底坚强。布鲁诺抛弃了最初

→法国小镇

澳洲布鲁诺雕塑花园的精美雕

的花招儿，下定决心以血肉之躯为自己的思想自由进行最终的捍卫。

火刑柱上的布鲁诺面对要烤焦自己的薪柴，面对攒动不已的围观人群，面对狰狞的判官，他最强烈的感觉不是他要死了，而是他要最后成功了："你们向我宣判的时候，你们比我更害怕，因为同时真理在审判你们！"火舌窜起中迸发的怒吼久久回荡在鲜花广场上空……

思想自由，言论自由，学术研究自由，这些今天看来司空见惯的精神条件当年却要用生命去争取。布鲁诺的死日后成了笛卡尔生活中时隐时现的阴影。笛

近代理性主义的创始人　**笛卡尔**

卡尔生性不好激烈，思虑绵密，谨小慎微，虽然一样向往自由，酿成的变革远比布鲁诺重大，但在宣扬自己的思想时却瞻前顾后，务求稳妥，不得罪当局。笛卡尔怕死。惜命，我们能说是一个人的弱点吗？命运顽皮，好考验惜命之人。笛卡尔后来又被伽利略的遭遇刺激了一回。好担心的人总有可担心的事。不过这是后话。

→ 笛卡尔的哲学灵感

相关链接

哥白尼简介

尼古拉·哥白尼（1473—1543）是波兰的天文学家。哥白尼上中学时就对天文学很感兴趣，曾跟着老师在教堂的塔顶上观察星空。他相信研究天文学只有两件法宝：数学和观测。他不辞劳苦，克服困难，每天坚持观测天象，30年如一日，终于取得了可靠的数据，提出了"日心说"，并在临终前终于出版了他的不朽名著《天球运行论》。哥白尼的"日心说"沉重地打击了教会的宇宙观，这是唯物主义和唯心主义斗争的伟大胜利。哥白尼是欧洲文艺复兴时期的一位巨人。他用毕生的精力去研究天文学，为后世留下了宝贵的遗产。哥白尼遗骨于2010年5月22日在波兰弗龙堡大教堂重新下葬。

哥白尼为阐述自己关于天体运动学说的基本思想撰写了题为《短论》的论文。他规定地球有三种运动：

一种是在地轴上的周日自转运动；一种是环绕太阳的周年运动；一种是用以解释二分岁差的

地轴的回转运动。哥白尼在他的《天球运行论》一书中认为天体运动必须满足以下七点：

不存在一个所有天体轨道或天体的共同的中心；

地球只是引力中心和月球轨道的中心，并不是宇宙的中心；

所有天体都绕太阳运转，宇宙的中心在太阳附近；

地球到太阳的距离同天穹高度之比是微不足道的；

在天空中看到的任何运动，都是地球运动引起的；

在空中看到的太阳运动的一切现象，都不是它本身运动产生的，而是地球运动引起的，地球同时进行着几种运动；

人们看到的行星向前和向后运动，是由于地球运动引起的。地球的运动足以解释人们在空中见到的各种现象。

哥白尼用以支持他的学说的论据，主要属于数学性质。他认为一个科学学说是从某些假说引申出来的一组观念。他认为真正的假说或者定理必须能够做到下面两件事情：

它们必须能够说明天体所观测到的运动；

它们必须不能违背毕达哥拉斯关于天体运动是圆周的和均匀的论断。

当时有许多反对的观点，但是哥白尼用当时的知识进行了反驳。

反对理由：如果地球在转动，空气就会落在后面，而形成一股持久的东风。

哥白尼答复：空气含有土微粒，和土地是同一性质，因此逼得空气要跟着地球转动。空气转动时没有阻力是因为空气和不断转动的地球是连接着的。

反对理由：一块石子向上抛去，就会被地球的转动抛在后面，而落在抛掷点的西面。

哥白尼答复：由于受到本身重量压力的物体主要属于泥土性质，所以各个部分毫无疑问和它们的整体保持同样的性质。

反对理由：如果地球转动，它就会因离心力的作用变得土崩瓦解。

哥白尼答复：如果地球不转动，那么恒星的那些更庞大的球就必须以极大的速度转动，这一来恒星就很容易被离心力拉得粉碎。

哥白尼答复：离心力只在非天然的人为运动中找得到，而在天然的运动中，如地球和天体的运动中，则是找不到的。

拉弗赖舍

> 命运并非机遇，而是一种选择；我们不该期待命运的安排，必须凭自己的努力创造命运。
>
> ——布莱

笛卡尔惜命，也另有理由，他好像先天不足，以后也不很强健。他长到8岁的时候，该进学校了，贵族的子弟，就该上贵族的学校，受最好的教育。父亲把笛卡尔送进了安茹省拉弗赖舍学院，住校读书。

拉弗赖舍，原是王府旧址，法王亨利四世的母亲曾经驻跸于此。后来这里改为学校，由耶稣会修士主办。

耶稣会是一个宗教集团，由依那爵·罗耀拉创立。罗耀拉原是个好勇斗狠的西班牙军人。他聪明机警，又陶醉于自己的大胆刚毅。激情折腾着青年人，他早年造了许多生动的风流韵事。可是在一次战斗中，他被炮弹击中，折了双腿，成了俘虏。治伤的时候出了岔子，有一条腿没接好，得再锯断了重接。痛苦复杂的手术几乎要了罗耀拉的命。他觉着自己要没命了，领完最后的圣餐，入夜他开始忏悔，等上帝召他去。上帝还不急着要他，腿基本好了，只是再也不能狸猫似地攀树逾墙去幽会了。

罗耀拉得过另一种生活，于是他转向宗教上的奇想。有时他梦想着一个崇高的淑女，尽管残废了，他怎样能做出一番惊人的事业来博取她的钦佩；有时他梦想以特殊的方式变成基督的骑士。他告诉人们，在神魂颠倒之际，一个不眠之夜，新的崇高的女性攫住了他全部注意力，在幻觉中怀抱圣婴的圣母显现了。他拿定主意从此放弃对尘世女子的一切眷恋，过一辈子绝对贞洁和献身于圣母的生活。他要去朝圣，修道终生。

罗耀拉单骑外出，漫游四方，孑然一身，除了防身武器和胯下的骡子之外，是个一无所有的冒险家了。路上偶然和一个生人搭了伴，他们边走边谈，话很快在宗教问题上唠叨了。那个人教养高，能言善辩，说了好多难于回答的侮辱圣母的话，然后志得意满地扬长而去。留下这个年轻的圣母骑士羞愤交加、心潮澎湃。他犹豫不决，是该追上那陌生人，宰了他，还是照原计划去朝圣。在一个岔路口，罗耀拉索性任凭骡子去选择他的道路，骡子放过了那个陌生人。

近代理性主义的创始人 **笛卡尔**

→号称法国第一的美女

罗耀拉到了一个修道院，模仿传奇中的英雄，在圣母祭坛旁通宵守夜，又把骡子捐给了修道院，把世俗的衣服送给一乞丐，把佩剑放在祭坛上，换了粗麻长袍和麻鞋子（这些东西穿在身上是极不舒服的）。然后在修道院作义务香客招待，绝食了整整一星期，接着继续朝圣。

罗耀拉游逛了好几年，心里盘算着建立一个新的宗教骑士团。可他眼下组织能力和学识都太低，只是一筹莫展。恰巧这时宗教裁判所察觉了他怪异的行为，禁止他教唆别人，除非他至少花4年去进修。罗耀拉用功学习去了。1538年，他被任命为教士，一年后他梦想已久的骑士团终于成立了，取名"耶稣会"。

耶稣会又称耶稣连队，旨在反对宗教改革，重振天主教，维护教皇权威。它的会长称为"将军"，选举产生，任职终身，长驻罗马。会内有严厉的军事性纪律，一般会士必须绝对服从会长和教皇，任凭驱策。会士一般不穿僧服，不住修道院，通过开办学校、医院，担任官职和宫廷神父，广泛接触社会，大搞宣传，捍卫天主教。耶稣会士奉行为达目的不择手段的黑社会原则。为除掉不合心意的人，他们不惜采用暗杀、放毒等卑劣手段。当年法王亨利三世和亨利四世都因为对新教徒（反对天主教的）采取温和的和解政策，而被耶稣会派遣的刺客刺死。

耶稣会虽然在宗教事务上无比专横和卑劣，但在办教育上却极为出色，耶稣会创办了当时最优秀的学

← 罗马

校。伟大的弗兰西斯·培根曾说:"关于教育学方面,要去请教耶稣会的学校,因为已然付诸实践的,没有比它更好的了。"

拉弗赖舍学院是耶稣会学校中的佼佼者。笛卡尔自己也满意地说过:"我进的是欧洲最有名的学校。"这所学校创办于1603年,笛卡尔是该校招收的第二批学生之一。当时学校一共有9个班:文法4个班,人文学科1个班,修辞学1个班,哲学2个班,伦理神学1个班,学生人数一百多。学校规矩繁多,法度森严。学生夙兴夜寐,每一时辰都有规定好的任务要去完成,懒散者总要挨罚。

其实,笛卡尔入校前就开蒙了。这也不奇怪,脆弱的健康状况迫使他把生命活力早早用于智力探索上。

→ 罗马教堂

←巴黎圣母院

　　由于体质不好，父亲对他的功课听之任之，不加强求。不过笛卡尔自己却学了进去，父亲看在眼里，由他自由发展。

　　现在到学校寄宿学习，笛卡尔是不是就要受严刑峻法拘管了呢？一入校，得先学会拉丁文、希腊文、法文，学习语法修辞，学习宗教教义。然后学习逻辑学、伦理学、天文学和神学。科学方面的课程以亚里士多德著作的注释为主要课本，神学方面的课程主要以耶稣会士注释的托马斯·阿奎那的著作为课本。在是否循规蹈矩的问题上，体质再次帮助了笛卡尔。

　　父亲带小勒内去学校，见院长夏莱神父。神父面对这个面色苍白，信赖人的小男孩，马上就喜欢上了，还特别考虑了笛卡尔的特别情况。院长看出要培育这个孩子的心灵，得先增强他的体魄，还注意到笛卡尔似乎比同龄的孩子需要更多的休息，于是告诉他，早晨想躺到什么时候就可以躺到什么时候，不必和别的孩子一样早起祷告；他想和伙伴们玩，就可以去，否则可以尽情待在自己房间里。这可是少见的法外开恩。

从此以后，除了临近生命终点的那一段不幸的时期，笛卡尔终生保持着这种习惯：当他想要思考时，就躺在床上度过他的清晨。中年的他在回忆拉弗赖舍的学生生活时，不无感慨地表示，那些在寂静的冥思中度过的漫长而安宁的早晨，是他哲学和数学思想的真正源泉。笛卡尔一辈子都喜欢宁静。

→巴黎第五大学（勒内·笛卡尔大学）

尽管没有人严格管束笛卡尔，但他一点都没有荒废罕见的恩惠和自由，他肯定还比有人监督的孩子学到了更多的东西。笛卡尔功课极好，成了一位娴熟的古典学者，一位颇有风度的绅士。不过这些都算不得与"笛卡尔"这个大名般配的成绩。笛卡尔特殊的才能，在离校很久以前就有显露。他14岁时，躺在床上活动心思，就开始怀疑他正在学习的"人文学科"相对来说对人类并无重大意义，肯定不是那种能使人类控制自己的环境，指导自己的命运的学问。那些要求他盲目相信的哲学、伦理学和道德学的权威条条，也只不过是些毫无根据的祖传迷信罢了。笛卡尔坚持他早养成的习惯，决不因为是权威的东西就接受，他开始对所谓证明和诡辩逻辑直截了当地提出挑战。可是这些摇摇欲坠的东西却是好心的耶稣会会士们要求善于推理的笛卡尔坚信不疑的。笛卡尔很快就转到激励他毕生事业的基本疑点上来：我们怎样理解事物？还有，也许是更重要的，假如我们不能确切地说我们知道点什么，我们又何从发现我们可能有能力理解的事物？

正是这些石破天惊的疑问才使笛卡尔成为笛卡尔。以后这个伟人的成长就从这些疑问开始。

除了钻研学问乐此不疲之外，笛卡尔还喜欢参加

近代理性主义的创始人　**笛卡尔**

←巴黎第五大学（勒内·笛卡尔大学）侧影

盛大的礼仪活动。1610年6月，法国国王亨利四世被耶稣会刺客暗杀。人们遵照亨利的遗愿，要把他的心脏埋于拉弗赖舍教堂之内。国王的葬礼照例是最隆重最豪奢最喧闹的，拉弗赖舍学院共派了24名学生参加，笛卡尔就是其中之一。典礼过后，笛卡尔从哲学班转入伦理班，仍学习物理学和哲学，最后一年学习数学。

笛卡尔一共在拉弗赖舍学院学习了8年。1612年8月，笛卡尔毕业。离校时，他已经与夏莱神父成了终生的忘年交，也几乎能在社会上站稳脚跟了。除了夏莱，笛卡尔还有许多拉弗赖舍的朋友，其中重要的一个，就是著名的业余科学家和数学家麦尔塞纳。他比

笛卡尔高一届，是笛卡尔的老朋友。这人以后成了笛卡尔的科学代理人、通信联络官和使他免于烦恼的主要保护者。麦尔塞纳毕业后加入了弗兰西斯修道团，成为一名神职人员。

← 笛卡尔

相关链接

物理学方面

笛卡尔运用他的坐标几何学从事光学研究，在《屈光学》中第一次对折射定律提出了理论上的推证。他认为光是压力在以太中的传播，他从光的发射论的观点出发，用网球打在布面上的模型来计算光在两种媒质分界面上的反射、折射和全反射，从而首次在假定平行于界面的速度分量不变的条件下导出折射定律；不过他的假定条件是错误的，他的推证得出了光由光疏媒质进入光密媒质时速度增大的错误结论。他还对人眼进行光学分析，解释了视力失常的原因是晶状体变形，设计了矫正视力的透镜。

在力学上，笛卡尔发展了伽利略·伽利雷的运动相对性的思想，例如在《哲学原理》一书中，举出在航行中的海船上海员怀表的表轮这一类生动的例子，用以说明运动与静止需要选择参考系的道理。

笛卡尔以第一和第二自然定律的形式比较完整地第一次表述了惯性定律：只要物体开始运动，就将继续以同一速度并沿着同一直线方向运动，直到遇到某种外来原因造成的阻碍或偏离为止。这里他强调了伽利略没有明确表述的惯性运动的直线性。

他还第一次明确地提出了动量守恒定律：物质和运动的总量永远保持不变。笛卡尔对碰撞和离心力等问题曾做过初步研究。

天文学方面

笛卡尔把他的机械论观点应用到天体，发展了宇宙演化论，形成了他关于宇宙发生与构造的学说。他认为，从发展的观点来看而不只是从已有的形态来观察，对事物更易于理解。他创立了漩涡说。

有巨大的漩涡，带动着行星不断运转。物质的质点处于统一的漩涡之中，在运动中分化出土、空气和火三种元素，土形成行星，火则形成太阳和恒星。

他认为天体的运动来源于惯性和某种宇宙物质旋涡对天体的压力，在各种大小不同的旋涡的中心必有某一天体，以这种假说来解释天体间的相互作用。笛卡尔的太阳起源的以太旋涡模型第一次依靠力学而不是神学，解释了天体、太阳、行星、卫星、彗星等的形成过程，比康德的星云说早一个世纪，是17世纪中最有权威的宇宙论。

笛卡尔的天体演化说、旋涡模型和近距作用观点，正如他的整个思想体系一样，一方面以丰富的物理思想和严密的科学方法为特色，起着反对经院哲学、启发科学思维、推动当时自然科学前进的作用，对许多自然科学家的思想产生深远的影响；而另一方面又经常停留在直观和定性阶段，不是从定量的实验事实出发，因而一些具体结论往往有很多缺陷，成为后来牛顿物理学的主要对立面，导致了广泛的争论。

喧嚣与宁静之间

> 心灵的真正医药是哲学。
> ——西塞罗

从拉弗赖舍毕业后,笛卡尔先是回父亲家里小住一段。这时老笛卡尔早已续弦,又得一子一女,家也从莱依小镇搬到雷恩市。

不久,笛卡尔又进了一所骑士学校,主要动机是强健体魄。在那里,他击剑的技艺大有长进。以后笛卡尔绅士终生都佩带一柄剑。腰间利器是身份的象征,要不要出鞘饮血当然是另一回事了。也是在这个时期,笛卡尔萌生了服军役的念头,不过他没有立即动身从戎,而是坐下来著了一小册《击剑术》,估计是要弥补一下自己剑术之平平。

这个时期的笛卡尔,心中是相当苦闷的。一方面,头脑中巨型的问号挥拂不去,搅得他无法安生;另一方面,尚无解决问题的可行途径,而他又已彻底厌恶了那些耗费多年辛勤劳动的枯燥无味的古典研究。

近代理性主义的创始人 **笛卡尔**

  1613年，笛卡尔终于想出了一个暂时解脱的计策，他决定出去见见世面，从有血有肉的活生生的生活中学习，不再从发霉的书卷和熏人的油墨中讨学问。幸而笛卡尔家境优裕，他想做的都能去做。由于童年和少年时代阻止他正常生活的健康状况现在明显改善，他渴望尽情享受适于他那种年龄和地位的青年人的欢乐，并迫不及待地攫取这种欢乐。笛卡尔抛开了父亲庄园里那种死气沉沉、令人沮丧、有节制的生活，带上仆人，伙同别的几个同样渴望过荒唐生活的轻浮子弟，一同在巴黎住了下来。每日里三五成群，招摇过市，酒肆舞池，轮番扫荡。这时的笛卡尔，好像完全变样了，狂歌沉醉，争幸邀宠似乎就是他生活的全部天地。当时的绅士们有一项并不丢人的流行风尚——

→法国巴黎绝美风景

赌博。笛卡尔也满怀热望地去赌了，他居然还是个中高手，赢了不少钱。不管干什么，笛卡尔都以他全部的才情贯注其中。

胡闹中的笛卡尔，他的另一半好像睡着了。

← 笛卡尔

这种状况实际上没有持续很久。笛卡尔厌倦了那些淫秽下流的伙伴，悄没声地离开他们，到巴黎的郊区租了一套简朴舒适的房子，隐居下来，埋头研究他真正喜爱的数学，还有音乐。可是笛卡尔跑不了。一旦下过水，就总会有人惦着，他的朋友们就一刻也没有忘记他，怀着火热的"友情"在找他。笛卡尔终于暴露了。一天，他那些浮华的朋友们，突然喧闹着登门拜访了。勤勉用功的年轻人抬起头来，认出了昔日的老朋友，也看出他们全都是俗不可耐无法容忍的讨厌鬼……

为了安宁，笛卡尔又得走了。

笛卡尔先回家，正有一项使命等着他呢。笛卡尔的父亲是法官，他希望儿子在这方面有出息，再说，

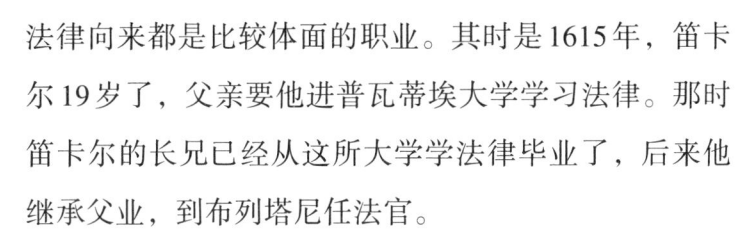

法律向来都是比较体面的职业。其时是1615年，笛卡尔19岁了，父亲要他进普瓦蒂埃大学学习法律。那时笛卡尔的长兄已经从这所大学学法律毕业了，后来他继承父业，到布列塔尼任法官。

这里可以谈谈笛卡尔和他的家庭的关系了。笛卡尔有同母一哥一姐，他还有异母的一弟一妹，老笛卡尔有三男二女五个孩子。但是笛卡尔的亲情似乎比较淡漠，他和哥哥、姐姐以及父亲关系都比较疏远，他没有参加哥哥姐姐的婚礼，父亲死的时候，他也没有奔丧。笛卡尔本人一辈子没有建立自己的家庭，当然这与他爱慕女士并不矛盾。

笛卡尔遵父命在普瓦蒂埃学了一年法律，于1616年11月份获得了法学学士学位，没有辜负父亲的厚

→ 飘扬的法国国旗

望。但笛卡尔对法学并不钟情，真正的兴趣还在科学和哲学。1616年发生的另一件事对笛卡尔的生活可说意义更大，那就是伽利略开始受到宗教裁判所漫长的审讯和监督。

←亚里士多德

伽利略第一个用望远镜观察了天空，第一个奠定了近代实验科学的基础，并取得了辉煌的成就。伽利略以自己卓越的研究维护了哥白尼的新天文学。但是这既与基督教的权威《圣经》和亚里士多德的学说不一致，也惹起了周围才学平庸之辈的妒忌。于是一切保守的平庸的势力都力图卡住伽利略的喉咙，或者诅咒伽利略尽快死掉最好。不过事情没有一边倒，伽利略在教会内部也有许多权势很大的朋友，他们会提示伟大的学者，给他通风报信。所以伽利略的命运是几经周折才见分晓，而不像布鲁诺当时的局面，众口一词要烧死他。

1616年2月24日，在宗教法庭红衣主教的每周例会上，伽利略宣读了裁决者对一案的审理报告，然后教皇保罗五世要求红衣主教贝拉明告诉伽利略，不得再坚持被谴责的命题或为它辩护。如果伽利略不听劝告，那么宗教法庭的首席代表将当着公证人和见证人的面命令他不得坚持、辩护或"讲授"这些命题，免得获罪于宗教法庭。这里出现了双重的命令，要贝拉明告诉伽利略的是一样，宗教法庭代表可能公布的是又一样。教会的意图是明显的，并不想一下子置伽利略于死地。

后来发生的每件事都与"讲授"一词分不开。如

→伽利略

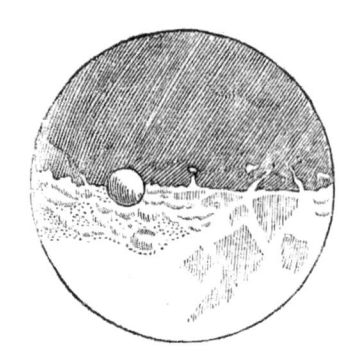

伽利略手绘的月面图

果下令不许伽利略以任何方式谈论哥白尼体系，那他必定连说都不能说。如果他没有接到那最严厉的命令，他就还可以像普通天主教徒一样自由讨论哥白尼体系，只要他不把它当成真理去坚持或辩护，而只是把它作为纯粹的假设。显然，傻瓜也会明白，带有"讲授"一词的命令太严厉了，等于结束了科学家的生命；而教皇让红衣主教私人传达给伽利略的命令是可以接受的。他默许伽利略可以继续议论利用哥白尼学说，科学就还能在没被限制死的狭小天地里生存发展。

1616年2月26日早晨，贝拉明红衣主教差两名捕役把伽利略传唤到家里。宗教法庭的代表和一位公证人，还有一些同样狂热嫉恨伽利略的神父不请自来，他们怕宽宏大度的红衣主教会对伽利略慈悲为怀。贝拉明对此当然明白，气恼在胸，但又不能把他们轰走。

近代理性主义的创始人 **笛卡尔**

→伽利略发明的折射式望远镜

据说在伽利略当众聆听教会命令之前，贝拉明小声跟他嘀咕了一阵，意思肯定是要科学家别装倔，免得最严厉的命令宣布出来。众人相见，红衣主教向伽利略宣读了官方决定。宗教法庭代表已看到他和伽利略私语切切，猜到他事先嘱咐了伽利略，这帮家伙鼓起蛮劲，一扫应有的谦恭，不等伽利略听完表示任何态度，就马上宣读了只有伽利略抗议才能公布的命令。事后贝拉明斥责了法庭代表，说他违背教皇意旨胡来，并告诉他这样做是无效的，他不能在公证人的记录上签字。贝拉明又另外告诉伽利略，只记住他传达的命令就行了，其他事权当没有发生，他还给伽利略写了一个有法律效力的保证书。伽利略后来还谒见了教皇保罗五世，教皇说他知道有人阴谋陷害伽利略，保证说只要他教皇还活着，科学家就没有麻烦。

对伽利略的第一次审判就这样过去了，伽利略化险为夷，不过招灾的祸根还是深深种下了。17年以后，那份没有签字的会议记录终于把科学家打垮了。

老老实实的科学研究也会惹来杀身大祸。这次伽利略的受审震撼了所有知识分子的心灵，令他们汗毛倒竖，颈后发凉。顶好的对策是别沾科学研究的边儿；已经研究了，也要三缄其口，千万小心别说溜了嘴，得罪宗教法庭可不是闹着玩的。

笛卡尔想必也听说了这件事。他是更应该蹑足潜踪，好自为之的，因为他素来景仰伽利略，认为自己的科学思想和伽利略的暗通神气、唇齿相依。伽利略就是笛卡尔的前车之鉴，这使本就胆小的笛卡尔更加胆小了。今天的人们应该赏识笛卡尔的小胆量，不然枉自撞到宗教法庭的野蛮火堆里，只是断送了又一个科学泰斗。

← 法郎上的笛卡尔

相关链接

解析几何的诞生

十六世纪以后，由于生产和科学技术的发展，天文、力学、航海等方面都对几何学提出了新的需要。比如，德国天文学家开普勒发现行星是绕着太阳沿着椭圆轨道运行的，太阳处在这个椭圆的一个焦点上；意大利科学家伽利略发现投掷物体试验着抛物线运动的。这些发现都涉及圆锥曲线，要研究这些比较复杂的曲线，原先的一套方法显然已经不适应了，这就导致了解析几何的出现。

1637年，法国的哲学家和数学家笛卡尔发表了他的著作《方法论》，这本书的后面有三篇附录，一篇叫《折光学》，一篇叫《流星学》，一篇叫《几何学》。当时的这个"几何学"实际上指的是数学，就像我国古代"算术"和"数学"是一个意思一样。

在《几何学》（《方法论》中的一部分）卷一中，笛卡尔分析了几何学与代数学的优缺点。

他用平面上的一点到两条固定直线的距离来确定点的距离，用坐标来描述空间上的点。表明了几何问题不仅可以归结成为代数形式，而且可以通过代数变换来实现发现几何性质，证明几何性质。

笛卡尔把几何问题化成代数问题，提出了几何问题的统一作图法。为此，他引入了单位线段，以及线段的加、减、乘、除、开方等概念，从而把线段与数量联系起来，通过线段之间的关系，"找出两种方式表达同一个量，这将构成一个方程"，然后根据方程的解所表示的线段间的关系作图。他进而创立了解析几何学。

在卷二中，笛卡尔用这种新方法解决帕普斯问题时，在平面上以一条直线为基线，为它规定一个起点，又选定与之相交的另一条直线，它们分别相当于x轴、原点、y轴，构成一个斜坐标系。那么该平面上任一点的位置都可以用（x, y）唯一地确定。帕普斯问题就化成了一个含两个未知数的二次不定方程。笛卡尔指出，方程的次数与坐标系的选择无关，因此可以根据方程的次数将曲线分类。

《几何学》一书提出了解析几何学的主要思想和方法，标志着解析几何学的诞生。此后，人类进入变量数学阶段。

在卷三中，笛卡尔指出，方程可能有和它的次数一样多的根，还提出了著名的笛卡尔符号法则：方程正根的最多个数等于其系数变号的次数；其负根的最多个数（他称为假根）等于符号不变的次数。笛卡尔还改进了韦达创造的符号系统，用a，b，c…表示已知量，用x，y，z…表示未知量。

解析几何的出现，改变了自古希腊以来代数和几何分离的趋向，把相互对立着的"数"与"形"统一了起来，使几何曲线与代数方程相结合。笛卡尔的这一天才创见，更为微积分的创立奠定了基础，从而开拓了变量数学的广阔领域。

正如恩格斯所说："数学中的转折点是笛卡尔的变数。有了变数，运动进入了数学，有了变数，辩证法进入了数学，有了变数，微分和积分也就立刻成为必要了。"

军旅与梦

> 只见汪洋时就认为没有陆地的人，不过是拙劣的探索者。
>
> ——培根

1617年5月，笛卡尔从军了。贵族子弟去从军，当时是有很多好处的，一是可能获得荣誉，二是周游各地却不花旅费，三是贵族一般不必冲锋陷阵，在前面当炮灰，丢不了命。笛卡尔肯定还想到了另外一个其实虚幻不真的好处：在军中寻求宁静。

上面这些益处，在法国本土当兵显然得不着，得到外国去。笛卡尔首选荷兰，径奔布雷达。他的选择要是若干年前实施，就得犯叛国罪。原来，法国素来天主教势力强大，新教徒在法国常有性命之忧。其中最有名的就是圣巴托罗缪节大屠杀。

笛卡尔时代的荷兰，新教早已深入人心，但由于荷兰驱逐了法国的政治敌手西班牙人，于是宗教的仇恨暂且平息。干戈化玉帛，当时有很多法国贵族子弟前往荷兰服兵役。

近代理性主义的创始人　**笛卡尔**

→荷兰首都斯特丹

　　笛卡尔投在乌特勒支执政、拿骚的莫里斯麾下听用，充任侍从军官，其实是个闲职。莫里斯将军，其人不凡，既是军事家，又是有造诣的学者。他身边聚集了一大批智识之士，也包括一些数学家。

　　1618年11月的一天，闲来无事的笛卡尔在布雷达街头散步，浏览市井风貌。在一条街的转角处，他看见黑压压一堆人正围着一幅招贴指指点点，七嘴八舌地议论着。笛卡尔凑了过去。可惜他既听不懂荷兰话，也不认识荷兰文，只能从人们的表情和手势猜他们议论的可能是什么数学问题。这下笛卡尔挪不动脚步了，数学怎么能放过不理呢？那可是他的爱好和特长啊。

　　在街上张榜出题，征集解答，是当时的一种风尚，目的是发现、选拔人才。荷兰正向上发展，大兴土木，

思想家卷　045

贸易事务十分繁多，加上又卷入了西欧战争，国家方方面面都需要投入，特别是精力和才华的投入。人才难觅，问题迭出，有人出了主意，公开招工，谁揭榜谁就肯定有两下子。

笛卡尔因为语言不通，兀自着急。他忽然想到这里也许有会拉丁语的人，那就可以通过拉丁语看懂那些题目了。笛卡尔是幸运的，来了一个人用拉丁语向他解释了大意。笛卡尔对付这类题目，游刃有余。他很快和那个人用拉丁语交换了看法。那个人大吃一惊，一个并不起眼儿的法国绅士居然是数学的行家里手，真是不可以相貌品高下。笛卡尔感激，那个人诧异，两个人愈加热乎，攀谈多时。

←法国中世纪的杜里城堡

近代理性主义的创始人　**笛卡尔**

帮助笛卡尔的人是艾萨克·比克曼，数学家兼医师，在布雷达附近的一个地方教书，经常到布雷达军中探访学者和工程师，切磋学问。今天两位数学家都毫无准备，纯属邂逅。不过一切都没有关系，两个数学家也晤谈甚欢，十分投机。从比克曼的介绍中，笛卡尔更了解了当代数学的一些新成就，包括韦达的方程论。韦达是法国人，历史上第一个引进了系统完整的代数符号，他知道二次、三次、四次方程的解法，发现了方程的正根和各项系数的关系，即韦达定理。韦达还对数学有奇特的运用，他曾破译了西班牙国王对付法国新教徒的密码信函，气得西班牙国王向教皇告状，说法国人用妖术对付他的国家。笛卡尔还知道了同在军中的科学家斯蒂

→中世纪欧洲建筑古堡

文的成就，荷兰人斯蒂文原是个商店的伙计，后来成了莫里斯将军的军需总监。他发明了一种适用荷兰地理特点的水闸系统，专门用来淹敌人。斯蒂文早在1586年就发表了一个实验报告：两个铅球，一个的重量是另一个的十倍，从高空下落时同期着地。尽管他的发现比伽利略论重力的第一篇文章早3年，比伽利略论自由落体的作品早18年，但他的发现却没有受到重视。

虽然比克曼本人缺乏能经得住时间考验的成就，但是比克曼使笛卡尔大开眼界，学了许多蛰居乡野不可能得到的知识。笛卡尔十分好学，两人遂成莫逆。他还把自己的研究作品《音乐简论》拿给比克曼，请求指教。据说比克曼把原稿誊抄后还给了笛卡尔。

在笛卡尔离开军队以后，和比克曼的感情还一直相当好，有许多通信可以作证。但是他们最后疏远了。这种不愉快的结局可能笛卡尔这边要负更多的责任。笛卡尔不仅生性胆小怕事，而且总是狐疑满腹。他疑心在很多通信中比克曼要窃取他天才的思想见解，甚至已经窃取了某些研究成果。笛卡尔意欲甩掉比克曼这个"小偷"。1629年的时候，笛卡尔还刻薄挖苦地向忠诚的麦尔塞纳提起，说有人——指比克曼——自居10年前是他的老师。

笛卡尔在莫里斯将军帐下似乎并没有真枪真炮地打过仗，只是驻屯。对于一个22岁的小伙子来说，

不到硝烟弥漫的战场上试试，就不算过了军人的瘾。他想另碰运气了。幸好这一年欧洲开了大战事，天主教同盟对抗新教同盟的"30年战争"爆发了。每个人都情绪亢奋，到处都需要兵源。

笛卡尔式的沉思 ——有关笛卡尔的书籍

1619年，笛卡尔告别莫里斯将军，离开了布雷达。他一边游历，一边寻找顺眼的军队。7月，笛卡尔投入巴伐利亚公爵马克西米连统率的天主教同盟军，迎战新教同盟。笛卡尔本来就是虔诚的天主教徒，自然不会在战事上站错了队。

在笛卡尔生涯的这个时期，他又一次显露了一个可爱的弱点，这个弱点他一辈子都没有丢掉。就像小孩子一个村子一个村子地跟踪马戏团一样，笛卡尔喜欢抓住每一个可能的机会去凑绚丽大场面的热闹。刚好当时一个这样的大场面就要在德国的法兰克福出现

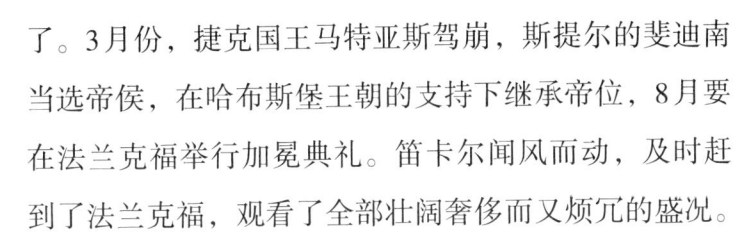

了。3月份，捷克国王马特亚斯驾崩，斯提尔的斐迪南当选帝侯，在哈布斯堡王朝的支持下继承帝位，8月要在法兰克福举行加冕典礼。笛卡尔闻风而动，及时赶到了法兰克福，观看了全部壮阔奢侈而又烦冗的盛况。

冬天来了，笛卡尔随军住在慕尼黑以北、多瑙河畔靠近诺伊堡的小村子里。在这儿，他终于找到了一直在找的东西：安宁与平静。他独居斗室，一日三省，他发现了自己，发现了自己责无旁贷的使命。

笛卡尔的脱胎换骨——如果可以这样说的话——是非常有传奇味儿的。1619年11月10日，圣马丁之夜，笛卡尔做了三个离奇的梦，他自认为这些梦完全

→ 笛卡尔 方法的怀疑

改变了他的生活进程。有人认为笛卡尔是言过其实,因为在庆祝圣马丁节的盛宴上人人狂饮,笛卡尔回去睡觉时也是趔趔趄趄,酒气熏天。一个酒鬼的梦不值得大惊小怪。笛卡尔却把他的梦归诸完全不同的原因,强调说他3个多月都没有碰过酒。也许笛卡尔是对的,这些梦奇异地联系在一起,也完全不像一个酒囊饭袋有本事做的。

　　在第一个梦里,笛卡尔被邪恶的风从他在教堂或学院的安全场所,吹到风力无法摇撼的另一个地方;在第二个梦里,他发现自己正用不带迷信的科学眼光,观察着凶猛的风暴,他注意到一旦看出风暴是怎么回事,风就不能伤害他了;在第三个梦里,笛卡尔在不住地吟诵一句著名的诗:"我将遵循什么样的生活道路?"

← 笛卡尔著作之一

近代理性主义的创始人 **笛卡尔**

→有关著作

还有很多别的细节。在这一切之中，笛卡尔总说自己是充满"激情"的，还说，如在第二个梦中那样，梦境向他显示了一把魔性的钥匙，它能打开大自然神秘的宝库，并使他掌握至少是所有科学的真正基础。

这把神奇的钥匙是什么呢？笛卡尔自己似乎从没有明确告诉任何人，但人们通常认为，这正是代数应用于几何。一句话，就是解析几何。更一般地说，就是运用数学探索自然现象，我们今天的数学物理就是这方面最高度发展的例子。

那么1619年11月10日就应当是解析几何的诞生日，因此也就是近代数学的诞生日了。当然，这把魔性的钥匙最后铸成并公之于世,还要等些时日。这里数学和科学应当代笛卡尔感谢战神,因为后来笛卡尔真在枪林弹雨中混过,却没有哪怕一个弹片碰过他的脑袋。

现在,这个年轻人认识到了他过去从未认识到的事情:如果要发现真理,他就必须首先完全抛弃从别人那里得来的观念,要靠他自己的头脑孜孜不倦地探索,给自己指明道路。从权威那里接受的一切知识都必须先搁在一边,传统道德和智力的全部格局都得毁

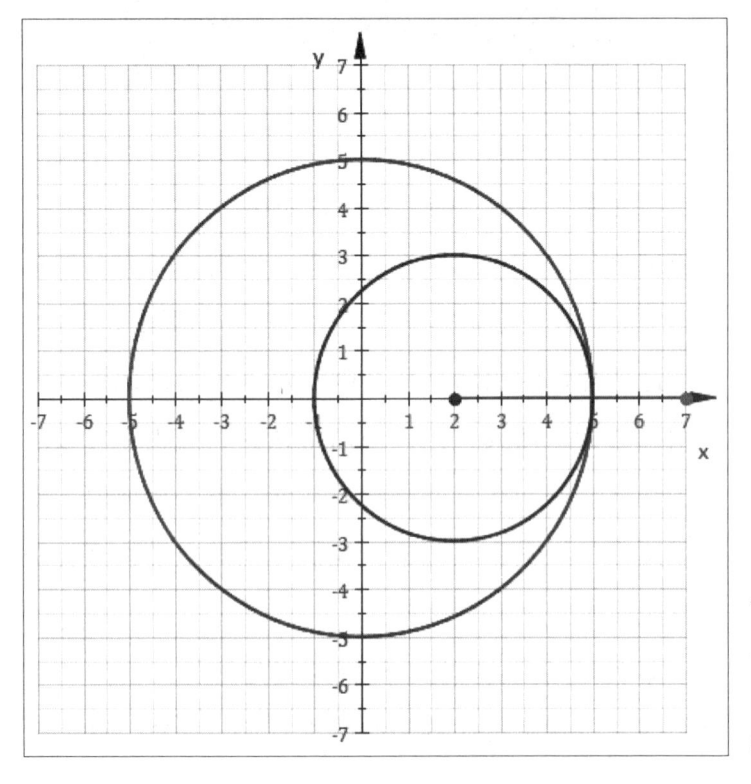

←笛卡尔曲线

近代理性主义的创始人 **笛卡尔**

→笛卡尔号护卫舰

掉。唯有人类理智中原始的力量，才能把它们更永久地建造起来。然而，这些都是离经叛道、该遭火刑的可怕念头，胆小的笛卡尔为抚慰发抖的灵魂，祈求圣母马利亚在他异端的计划中假以援手。为此他许愿要去罗莱特圣母大殿朝圣。但他同时立刻动手对宗教中人所共知的奇迹和教条做了极其挖苦的破坏性批评。

次年春初，笛卡尔一生中唯一一次真正的战役开始了。奥地利元帅梯力挥师直指布拉格，没有经过太残酷的厮杀，就拿下了布拉格。笛卡尔作为胜方的一员谢天谢地地开进了城。有趣的是，在失去避免两股战役的城内难民中，有一个刚刚4岁的小女孩，伊丽莎白公主，她将成为笛卡尔未来最满意的弟子。他们现在当然还谁也不认识谁。

最后，1621年春天，笛卡尔终于餍足了战争。他和几个一样心情的放荡老爷兵一起，伴随奥地利人进入特兰西瓦尼亚。他寻找光荣，也找到了——不过是在另一方面。但是，如果说他现在和战争打够了交道，就哲学而言还欠成熟。巴黎眼下正祸不单行，与新教徒火拼还没见分晓，又闹开了瘟疫。这样的去处最好别沾边。相对来看，北欧那边是和平的，也干净，笛卡尔就决定去访一访北欧。开初一切都还顺利，他拜别了几个注定要分道扬镳的朋友，只带一个仆人，踏上了远航的客船。战乱年月，官方打得不可开交，民间也是盗贼蜂起，没有什么地方是安全的。笛卡尔主仆这回撞上了兼职水贼。凶残的船员一搭眼便相中了我们的绅士。天赐良机来也。船贼没花眼，笛卡尔确实随身带了许多盘缠。他们决定等船开远了就下手袭击这富有的乘客，洗劫个冤家一丝不剩，然后扔下船去喂鱼。但是这些贪婪的家伙犯了个不大的毛病：当着外乡人的面用土话商量什么时候动手。他们做梦也没料到，笛卡尔懂他们的话。危险迫在眉睫，激发了笛卡尔早年养成的骑士般的万丈豪情，他冷不防亮出佩剑，厉声用土话命令犯了错误的家伙们把船划回岸边。解析几何和未来的哲学又一次化险为夷。

经此一吓,笛卡尔也收敛了念头,不急于游访北欧了。

→ 欧洲骑士

相关链接

方法论

1637年，笛卡尔发表了最有名的著作《正确思维和发现科学真理的方法论》，通常简称为《方法论》。

笛卡尔在《方法论》中指出，研究问题的方法分四个步骤：

1. 永远不接受任何我自己不清楚的真理，就是说要尽量避免鲁莽和偏见，只能是根据自己的判断非常清楚和确定，没有任何值得怀疑的地方的真理。就是说只要没有经过自己切身体会的问题，不管有什么权威的结论，都可以怀疑。这就是著名的"怀疑一切"理论。例如亚里士多德曾下结论说，女人比男人少两颗牙齿。但事实并非如此。

2. 可以将要研究的复杂问题，尽量分解为多个比较简单的小问题，一个一个地分开解决。

3. 将这些小问题从简单到复杂排列，先从容易解决的问题着手。

4.将所有问题解决后,再综合起来检验,看是否完全,是否将问题彻底解决了。

在1960年以前,西方科学研究的方法,从机械到人体解剖的研究,基本是按照笛卡尔的《谈谈方法》进行的,对西方近代科学的飞速发展,起了相当大的促进作用。但也有其一定的缺陷,如人体功能,只是各部位机械的综合,而对其互相之间的作用则研究不透。直到阿波罗1号登月工程的出现,科学家才发现,有的复杂问题无法分解,必须以复杂的方法来对待,因此导致系统工程的出现,方法论的方法才第一次被综合性的方法所取代。系统工程的出现对许多大规模的西方传统科学起了相当大的促进作用,如环境科学、气象学、生物学、人工智能等等。

哲学方法论和世界观的一致性

一定的世界观原则在认识过程和实践过程中的运用表现为方法。方法论则是有关这些方法的理论。没有和世界观相脱离、相分裂的孤立的方法论;也没有不具备方法论意义的纯粹的世界观。一般说来,有什么样的世界观就有什么样的哲学方法论。唯物主义世界观要求人们在认识和实践中从实际出发，实事求是。唯心主义世界观则从某种精神的东西出发。客观唯心主义世界观要求人们在行动中遵从某种客观的精神原则或宗教教义、神灵的启示等等。主观唯心主义世界观则认为人们可以按着自我的感觉经验、愿望、主观意志等行事。辩证法的世界观要求从事物的普遍联系和永恒运动中把握事物，分析事物自身的矛盾和解决这些矛盾。形而上学世界观则促使人们孤立地、静止地、呆板地考察事物。哲学方法论以一定的世界观为根据，世界观以自身对人们的认识方法和实践方法的指导意义而取得存在的价值。哲学方法论离不开世界观，自然科学方法论也必须以自然观和科学观为前提。各门具体科学的研究方法归根结底也受一定世界观的制约。这种制约以不同层次的方法论为中介。各层次的方法论不直接同一，它们之间存在着某种差别。世界观与方法论的一致性不是简单的同一，懂得世界观并不等于掌握方法论。方法论是运用世界观的理论，但运用世界观、掌握方法论均需要做专门研究。

读世界这本大书

> 人类的使命在于自强不息地追求完美。
> ——托尔斯泰

接下来的一年，笛卡尔先是折回了荷兰，准备途经比利时归国，去老家雷恩看看。在布鲁塞尔，他照例不放过与上层权贵的往来，拜谒了圣克拉尔隐修院的女修士伊莎贝拉。这可不是一介普通修女，她是西班牙在尼德兰派驻的统治者阿尔伯特的寡后。此人滞留于此，操持着反对尼德兰革命的国策。笛卡尔当然无意卷到政治纷争中去，他是比较喜欢在一定的距离外和政界人士应答酬和。

3月，笛卡尔回了家。他很久没省亲了。他回来的主要目的是视察一下家中各处祖传的房屋产业和耕地，这些产业每年能给全家带来六七千法郎的收益。他和哥哥详细审核安排了家庭财务以后就又走了。笛卡尔不是守财奴，有他花的就行了。

1623年春天，笛卡尔在巴黎待了两三个月。这时他彻底看够了外省土贵族的"土气",索性把属于自己的产业出售,一点不留,包括他母亲留给他的佩隆处的产业。此后笛卡尔再也不是乡巴佬了。命运总会选出少数宠儿的,他们一辈子用不着花血汗挣饭钱,只要不贪财,就没有谁能诱惑或强迫他们改变生活方式。无所乞求于人,就是自由了。笛卡尔就是少数幸运儿之一:有祖上余荫,本人性格又中平,不挥霍也不贪婪。

在巴黎,笛卡尔那沉默寡言的态度和多少有些神秘的容貌,惹来一些怀疑,有人说他是玫瑰十字秘密

← 中世纪法国服饰

近代理性主义的创始人　**笛卡尔**

→ 浪漫之城——法国巴黎

会社的成员。这个组织是一个德国神父安德烈搞起来的，有点像今日什么特异功能协会，在世事纷乱之际以神秘主义、迷信方术混杂上化学数学和医学知识为自己开道，招徕信徒。笛卡尔很有可能与这个组织有过来往，因为它多少还是标榜新知识的，而笛卡尔从不放过学习新知识的机会。但当有人指责他和神秘组织有瓜葛时，笛卡尔干脆一语不发，使对他也许怀有恶意的人只能满足于猜猜而已。那些人其实是要通过这件事进而说笛卡尔信仰不纯洁，那在当时可是危险的疏忽。笛卡尔聪明透顶，不中圈套。

又有人劝笛卡尔出点钱在军界谋求一个职位，说白了就是捐个官当当。笛卡尔思虑再三，觉得还是不要拿自由的钱去换不自由的枷锁。于是他就找个借口，说自己钱还不够，辞谢了。笛卡尔的一生中，除了最后一招之外，总是非常善于预见可能的麻烦，未雨绸缪，选取最适合自己的活法。

最适合笛卡尔的活法就是运用自己罕见的智慧，开辟人类知识的新天地，重新为知识的大厦奠基。这种明确的自我意识和使命感是他在做梦时获得的。恰在此时，笛卡尔及时回忆起从前祈求过圣母的帮助，还许过朝圣的愿。他觉得应当去还愿了。虽然他现在还说不上有什么太伟大的成就，不过对圣母预先殷勤一些保险没有坏处。

1623年9月，笛卡尔去还愿，去天主教的圣地罗

←圣玛丽教堂（罗马天主教）

马。当然还愿也是旅行，不必忙三火四地赶往目的地。笛卡尔的路线是：巴塞尔、格里松斯、瑞士、蒂罗尔、因斯布鲁克、威尼斯、洛勒托。七折八拐，走走停停，费时两个多月，终于在圣诞节前赶到了罗马。他在那里欣赏了他从未见识过的最华丽的场面，由天主教教会主持的每25年一次的盛大庆典。

有两个方面的原因，使这次意大利之行对笛卡尔智慧的发展有重要影响。他的哲学构想，迄今还不为普通人所理解，这是由于这位被弄得不知所措的哲学家，看厌了从欧洲各个角落聚集来罗马接受教皇祝福的无知的人群，他对下等人总有偏见。同样重要的是，笛卡尔此行未能会见伽利略。要是这位数学家身上的哲学成分更多一些，能够在这位现代科学之父的脚下

→法国风情

坐上一两个星期，那么他自己日后对物质世界的思索就不会那么异想天开了。笛卡尔赴意大利最终得到的恐怕就是对他这位举世无双的同代人的恶意轻视。

←法国骑士图画

笛卡尔在罗马逗留一阵之后，突然心潮翻涌，和萨瓦公爵一起参与了一场血腥的战斗。笛卡尔这回在战场上表现出众，被授予中将称号。但他有足够的明智，拒绝了任命。真的，百把人的战斗能生出一个中将吗？

笛卡尔的归程少不了也是漫长的。1625年的春天，他取道阿尔卑斯山脉的一段——桑尼山——回国。途中他留心考察了山的走势和矿脉，观测雷电现象，研究这里夏天为什么比冬天长。雪崩、旋风、高山气团的作用，也是他感兴趣的。这一切后来成为笛卡尔写气象学著作的宝贵材料。

6月，笛卡尔回到巴黎，新朋故友欢聚一堂，热闹了好一阵。笛卡尔这次进巴黎，是有长期打算的。他

近代理性主义的创始人　**笛卡尔**

←骑士团的骑士

在此安顿下来，沉思3年，学问几近成熟了。

尽管笛卡尔有崇高的思想，他却不是一个罩衫肮脏的老学究，而是一个衣冠楚楚十分讲究的上等人。他身着时髦的塔夫绸，佩一柄绅士剑。为了给装潢的外貌最后修饰一下，他戴上一顶硕大、宽边、上插鸵鸟毛的帽子。如此打扮，他就不用担心出没于教堂、舞会和街巷的各种地痞无赖了。一回，一个喝醉了酒的乡巴佬秽言侮辱笛卡尔带着的交际花，怒不可遏的哲学家摇身变为凶猛的骑士，追逐那个鲁莽的傻瓜，打飞了醉鬼的剑，却饶了他的性命。倒不是因为这醉鬼是个无用的剑客，而是因为他太脏了，笛卡尔没法在一位美丽的女士眼皮底下宰了他。

既然已经提到了笛卡尔的一位女相好，不妨再提提另外两个女子。笛卡尔实在很喜欢女人，还与一位妇女生过一个女儿。那孩子的夭折深深打击了他。笛卡尔不结婚的原因，像他自己曾向一位女士剖白的那样，他宁可要真理也不要美女。但似乎更可能的是因为笛卡尔太精明了，不会把自己的宁静与省心抵押给某个胖胖的、富有的荷兰寡妇。使命感特强的人必须对自己有限的生命妥为筹划。笛卡尔也不必以联姻的办法谋求致富。他的经济状况其实不过中等水平，但他认为够用了，物质、金钱的诱惑迷不住伟大的心灵。为此笛卡尔曾被说成是冷酷而自私的。但是这样理解似乎更公正一些，即他知道自己要去干什么，他了解自己目标的重要性。他对自己的爱好是适度的，有节制，可并不吝啬，他从来不强迫家里的仆人接受他偶尔为自己规定的、近乎严苛呆板的养生之道。他的仆人非常爱他，他们离开他很长时间以后，他还非常关心他们的福利。在笛卡尔临终前跟着他的小

← 紫色的骑士爱情

厮，为失去了宽宏的主人悲伤了许久。所有这些听起来都不像是自私。

笛卡尔还曾经被指责为不信神。没有什么比这更不实在了。尽管他在理性上在哲学里是个怀疑主义者，却在最后的理论中排除了怀疑。而他的天主教信仰是真正不折不扣的。他确实把宗教比作他的乳母，他就是从乳母那里接受的宗教，还说他觉得依靠宗教和依靠乳母同样可以得到安慰。一个有理性的头脑，有时是世界上合理性与不合理性的最莫名其妙的混合物。

还有一个怪癖影响着笛卡尔的生活，只是在军队的粗暴训练下，他才渐渐摆脱了。在他娇弱的童年里那些必要的溺爱呵护，使他总是怀疑自己有病，活不了多久。多年来，对死亡的难以忍受的恐惧使他意气沮丧。这无疑是他进行生物学研究的最隐秘动机。他

→法国总统骑士护卫队

←法国中世纪宫廷精美的挂毯

到中年时，才能够由衷地说，大自然是最好的医师，保持开朗健康的秘密就在于丢开对死亡的恐惧。他再也不急切地去寻觅延年益寿的灵丹妙药了，或者说他已经找着了。

笛卡尔在巴黎平静冥思的日子，是他一生中最幸福的时期。伽利略用自制的粗糙的望远镜作出了辉煌的发现，这使半数欧洲的自然哲学家都把时光打发在透镜上。设计、研磨、使用镜片几乎成了时髦，成了有知识之人的文明标志。笛卡尔也以这种方法自娱，但他在这方面可没有什么惊人的发现。笛卡尔的才智主要在于数学和抽象思维。

直到此时，笛卡尔还没出版过什么传之久远的著作，但他心中已孕育积存了大量天才的思想。又由于

近代理性主义的创始人　**笛卡尔**

笛卡尔交友广泛，朋友层次也较高，他的声望眼见得一天天增高，倾慕者的队伍也一天天扩编。当然，这其中也免不了夹杂许多赶时尚凑热闹的外行，他们只能看见名声之盛，却无法懂得名声后面的功底之深。笛卡尔对这类苍蝇似的马屁精最是厌烦。"苍蝇"在增多，笛卡尔又要逃去躲躲清静了。

笛卡尔的躲法只是故伎重演。一段时期内，他不宣布，就搬家了。这样可以挣得一段清静。等再热闹起来，再搬。有一回，笛卡尔先生在巴黎城消失了。城里他可能去住的地方朋友们几乎都搜遍了，也没有笛卡尔先生的踪影。很久以后，才有熟人在城郊的一个寓所发

→ 法国亨利四世加冕用皇冠

←古代欧洲骑士的传说

现了逃避扰攘的人，重把他请回崇拜者的圈子。

又一回，笛卡尔又相中了军队和战场，他随法国国王远征西南。但他只是随从，不作为军人。他参观了天主教军队围攻新教据点拉罗歇尔的战役。在朋友的引领下，笛卡尔视察了桥梁、军械、要塞、堤岸、海防炮台、舰艇等，了解工程技术和军事国防的结合、作用、演进。笛卡尔这次只考察科学技术的应用状况，不再杀戮，以后他也不再沾军事的脏水了。笛卡尔此行还另有收获，他碰上了那个迷人的老流氓黎塞留红衣主教，这个国家现任执政给他留下的深刻印象不是红衣主教的狡诈阴险，而是他的神圣和虔诚。此人后

来倒为笛卡尔干了些好事。

战事结束了，笛卡尔毫发无损地回了巴黎，这次他要经受再一次转变的磨难，并永远抛弃无益的应酬。

他现在32岁了。只是他那不可思议的好运道保护了他，使他的躯体免于毁灭，使他的思想免于消泯。在拉罗歇尔的一颗流弹就可能轻而易举地剥夺笛卡尔想为人们所追忆的资本。他终于认识到，如果要达到目的，现在正是该上路的时候了。两个红衣主教贝律

→ 笛卡尔手稿

尔和巴涅把笛卡尔从他那消极淡漠、无所作为的状态中唤醒，诱导他公开他的思想。为此，文明世界应该永远感激这两个人，特别是第一个。

那个时代天主教的教士们热心从事并鼓励科学研究，这与狂乱的新教徒形成了令人欣慰的鲜明对照，那些新教徒的偏执使科学在德国几乎销声匿迹了。笛卡尔与贝律尔和巴涅认识后，在他们深切的鼓励下，就像玫瑰花一样怒放了。在一次巴涅主持的讨论会上，炼金术士尚多尤大讲了一番他所谓发现的新哲学。笛卡尔持异议。在贝律尔的怂恿下，笛卡尔直率地陈述了自己的新哲学。为了解释区别真理和谬误的困难，笛卡尔提出了12个无可反驳的证据，说明任何不容置疑的真理的谬误性；反之，对任何公认的谬误的真理性，他也提出了同样无可反驳的论据。被弄糊涂的听众就问，那么仅仅依靠人怎样把真理和谬误区别开呢？笛卡尔透露，为了作出所需要的区分，他有了一个不会出错的、从数学中引出来的方法。他说，希望并且计划表明这样的方法如何通过机械创造的手段，应用于科学和人类的福利。

贝律尔被尘世幸福王国的幻影深深打动了，笛卡尔就是用这个幻影从哲学思辨的巅峰引诱他的。贝律尔以红衣主教的资格明明白白告诉笛卡尔，与世人分

近代理性主义的创始人　**笛卡尔**

法国红衣主教和几位德高望重的神职人员

享他伟大的发现是他对上帝应负的责任。还威胁笛卡尔，要是他小家子气，把发现秘而不宣，等待他的将是地狱之火——或者至少也要失去进天堂的机会。笛卡尔是12分虔诚的天主教徒，一个高贵的红衣主教以无法拒绝的真诚向他——一个普通信徒，提出恳请，笛卡尔活着还能要求什么呢。他拿定了主意，把心中如潮的天才思绪变成文字，撰书出版，教化苍生，泽被后世。

32岁的笛卡尔要走他的正路了。他得到荷兰去实现他的决定。

相关链接

我思故我在

说笛卡尔是法国历史上最伟大的哲学家大概也不过分。他的"我思故我在"是笛卡尔全部认识论哲学的起点,也是他"普遍怀疑"的终点。他从这一点出发确证了人类知识的合法性。也就是说,笛卡尔是唯心主义者,但并不是从此命题看出来的,"我思故我在"并不是唯心命题,而是纯粹认识论的内容。

字面意思

这句话简单的意思是"我思想,所以意识到我的存在"。笛卡尔认为,当"我"在怀疑一切时,却不能怀疑那个正在怀疑着的"我"的存在。因为这个"怀疑"的本身是一种思想活动。而这个正在思想着、怀疑着的"我"的本质也是一种思想活动。注意这里的"我"并非指的是身心结合的我,而是指独立存在的心灵。

深层意思

笛卡尔的哲学命题,采用所谓"怀疑的方

法"，是在求证"知识"的来源是否可靠。我们可以怀疑身边的一切，只有一件事是我们无法怀疑的，那就是：怀疑那个正在怀疑着的"我"的存在。换句话说，我们不能怀疑"我们的怀疑"，因为只有这样才能肯定我们的"怀疑"。笛卡尔也就是从他的"我思故我在"来证明"上帝的存在"。因为"我"这个思想的主体不能被"怀疑"，那么就有一个使"我"存在的更高"存在体"。换句话说，因为我存在，所以必须有一个使我存在的"存在者"，而那个使我存在的"存在者"，也必定是使万物存在的"存在者"。因此，能够使万物存在的"存在者"，就必然只有上帝才有可能了。

争论

笛卡尔是西方现代哲学思想的奠基人，他的哲学思想深深影响了之后的几代欧洲人，创立了"欧陆理性主义"(Continental Rationalism)哲学。德国大哲学家海德格尔曾说："自从莱布尼兹以来，德国思想界所达到的，笛卡尔的基础理论的（各种）主要发展（变化），丝毫没能超越这个基础理论，而恰恰展开了它的广度，而为19世纪创造了前提。"

但是，在笃信经验主义和唯物主义的人们眼里，笛卡尔却有一个致命的把柄被人抓在手里，那就是他那句回荡了几个世纪的名言："我思故我在"。这句被笛卡尔当作自己的哲学体系的出发点的名言，在过去和现在的学界都被认为是极端主观唯心主义的总代表，而遭到严厉的批判。很多人甚至以"存在必先于意识""没有肉体便不能有思想"等为论据，认为笛卡尔是"本末倒置""荒唐可笑"。

隐居荷兰20年

> 人类的一切智慧包含在四个字里,"等待"和"希望"。
>
> ——托尔斯泰

17世纪的荷兰,大概是当时世界上思想管制最宽松的地方。反抗传统引领时代的大学者很多人都以荷兰为世外宝地。笛卡尔也选择荷兰为居处来充分阐释他的新学说。新的东西总是有危险的,因此为它物色一个相对安全的分娩之处实属明智。

1629年3月,33岁的笛卡尔动身赴荷兰。他把自己在巴黎的事务、财务委托可靠的朋友皮可神父照管,学术交流、朋友联络方面的事宜请忠实的麦尔塞纳协助。其他消息集散地笛卡尔也委托有专人替他收发信函。这一切,都只为一个不再须臾偏离的目的:宁静与专心。从此,通信便成为笛卡尔与外界沟通的最主要方式。写信于是也成为他生活中的头等大事。笛卡尔写信既勤奋又认真,每个星期总拨出一整天专门写信,赶付定期路过的邮车。除去肯定为数不少的散失之外，今天人们收集到的笛卡尔书信就有720封之多，出了整整8卷书。

为做到更彻底的静心著述，笛卡尔在荷兰也不定居一地，而是频频更换住所。笛卡尔迁居之频，如果是在今天，估计可以收入吉尼斯世界纪录大全。在荷兰旅居20年，他搬迁过24次，住过13个不同的地方，平均不到一年就搬动一次。相比之下，"狡兔三窟"这个成语代表的想象力还是嫌太保守了。当然，笛卡尔可不是为了好玩，搬个不止，这反倒更见得他珍惜理想到不惮其烦的地步。

← 荷兰风光

近代理性主义的创始人　**笛卡尔**

→草原彩虹

笛卡尔在荷兰隐居——当然也是漂泊——期间，除了他的哲学和数学之外，还进行了大量其他研究。光学、物理学、解剖学、胚胎学、医学、天文学和气象学，包括对虹的研究，都在他不停顿的活动中占有一席之地。在今天，谁要是把精力挥洒在这样多性质各不相同的学科上，就只能算是一个无事穷忙浅尝辄止的半瓶醋，因为我们这个时代是高度专业化的精细时代，每个人只能满足于老实待在某一狭隘的社会功能里。但在笛卡尔的时代却是另一番景象，一个有才干的人仍然可以期望"万事亨通"，在几乎所有他感兴趣的科学分支中发现一些有趣的东西。笛卡尔对碰到的一切机会都能充分利用，一显身手。去英国的一次短期旅行，他就通晓了磁针的神秘功效，于是磁学立

刻被吸收到他那包罗万象的哲学中了。当年神学的种种玄思和推测也是笛卡尔极感兴趣的。在笛卡尔思想的生发中,早年宗教陶冶的结果始终有作用,思想家本人也没想摆脱这种底色。其实就是想摆脱也不可能彻底。

笛卡尔来荷兰初期的一个大抱负是以一本巨著说完一个世界,也说完自己的脑汁。他给书取名《世界体系》,设想分为两部分,第一部分是《论光》,第二部分是《论人》。现在没有人敢想把世界的全部秘密都写在一本书里,但笛卡尔时代的人们胆量都要大些,他们雄心勃勃要用一条原理,一部著作把世间的真理一网打尽。从1629年到1633年11月,笛卡尔除了已

← 朝霞潮汐

近代理性主义的创始人　**笛卡尔**

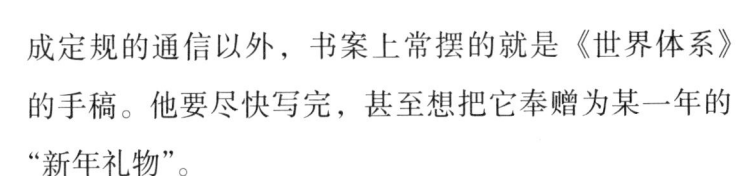

成定规的通信以外，书案上常摆的就是《世界体系》的手稿。他要尽快写完，甚至想把它奉赠为某一年的"新年礼物"。

虽然笛卡尔含英咀华，吐丝结网，夜以继日地赶写那部大作，可是在工程即将告竣的时候，一件文明史上愚昧和专横战胜科学和明智的大事发生了，它吓住了这位素来胆小的哲学家。这就是大科学家伽利略的再度受审。

1616年，伽利略有惊无险地溜脱了宗教裁判所的法网以后，确实有很长一段时间没有再提哥白尼的天文体系，他把天才的注意力转到了别的问题上，研究了很多力学——暂时不需要借助哥白尼的力学。如果遵照贝拉明红衣主教传达的教皇命令，伽利略即使在必要的时候借助了哥白尼体系，也没什么不妥，只要把它当成假说，而不径直称为真理。但是，学问之路好像总有它自己的方向，伽利略的研究又渐渐纠缠上了哥白尼学说。

→哥白尼

潮汐每日涨落的现象人们早已看惯了，是什么力量推动大海翻腾不息呢？其实今天的人们也未必张口就能答上这个问题。潮汐的解释是伽利略时代一流学者大都关心的高难科学之谜。在众多尝试性的回答中，伽利略也要表达一下自己的见解。1624年，伽利略访问罗马，16次谒见教皇。这时教皇已从保罗五世换成了乌尔班八世。伽利略与乌尔班在交谈中涉及了广泛的热点科学问题。科学家向教皇简要叙述了自己的潮汐理论，也没有隐瞒他的理论需要借助哥白尼的地动说。教皇当即表示很感兴趣，多少还鼓励了伽利略，敦促他早出成果。有了教皇本人的支持，伽利略信心倍增，全神贯注地投入了工作。

　　教皇乌尔班八世毫不犹豫支持伽利略，因为他对1616年的事只是一知半解，他只知道贝拉明红衣主教转给伽利略的教会命令，不知道还有一个宗教法庭首席代表公布给伽利略的更严厉的命令。后一个命令根本就不允许伽利略哪怕是谈及哥白尼体系，也就是说，

← 哥白尼与日心说

→笛卡尔重见天日的信件

不许"讲授"。这个命令乌尔班八世从别人那里没听说，也没听伽利略本人说起，伽利略坚信贝拉明红衣主教的劝告，就当那件事从没发生过。

事情至此，还可以说谁都是真诚的。

从1624年到1630年，伽利略一直时断时续地写他的著作。就在要完成时，他得到教会命令，书名不能取预定的"关于潮汐的对话"，因为这强调了地球运动的物理证据。伽利略就把书名改得更谦逊了一些：《关于托勒密和哥白尼两大世界体系的对话》。1632年3月，伽利略最后的新作在佛罗伦萨问世。但到8月，罗马宗教法庭突然下令停止售书，书的作者必须即刻从佛罗伦萨赴罗马受审。伽利略一个极有权势的靠山斐迪南德大公强烈抗议如此恶待这位已获准出书的科学家，但已无济于事。乌尔班八世心如铁石，气冲斗牛，怒不可遏，即使伽利略身患重病也不能多耽搁，

尽管给伽利略看病的医生们向佛罗伦萨宗教法庭申明伽利略去罗马会有生命危险。时值隆冬，鼠疫流行，沿途设置了重重检疫关卡，但年近古稀的老人还得赴罗马，否则会被拘拿到庭，并且要支付捕役们的盘费。

原来，有人给教皇乌尔班八世看了1616年的那份没有签字的公证人记录。乌尔班八世没有理由不相信这份文件。由于伽利略从未告诉过教皇还有严禁他讨论哥白尼学说的禁令，这在教皇看来似乎是违背法令之举。真不知是哪个别有用心的人挖出了这分早应销毁的毫无法律价值的文件。教会，特别是教皇，认定伽利略是有意瞒天过海。另外，据信

← 教堂内部情景

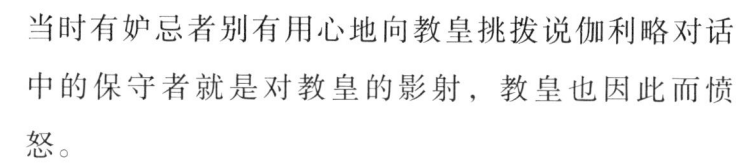

当时有妒忌者别有用心地向教皇挑拨说伽利略对话中的保守者就是对教皇的影射，教皇也因此而愤怒。

伽利略于1632年2月到达罗马，住在朋友家里，也明白了麻烦出自何处。虽然教皇已是盛怒之下，但伽利略也很有信心对簿公堂。3月12日，审判开始。教会法庭不痛不痒地询问了一连串有关那本新书写作、出版、印刷、销售问题后，锋芒就转到1616年贝拉明红衣主教家的会议。伽利略复述了当时贝拉明的命令，还出示了贝拉明亲笔写的保证书。检察官验下了伽利略的物证，然后宣读了另一份命令，即宗教法庭代表的那份，其中有"不许以任何方式讲授"的话。伽利略没有让步，说只记得红衣主教的劝告，且一直照保证书行事。

宗教法庭据以加罪伽利略的只是一份未经签署的会议记录，而伽利略用来为自己辩护的是有据可查的真实的保证书，按最佳证据原则伽利略已经胜诉了。但折腾了半天却无罪开释伽利略，这有损罗马宗教法庭的名誉和权威，因此法庭私下安排伽利略承认做了一些错事，并且不要为自己辩护。如果接受这样的条件，他可以获得宽大处理。伽利略书面承认，在又反复读了自己的《对话》之后，确实

与笛卡尔有关的书籍

发现有某些偏激，但他否认自己有任何不良企图。这可不是一个教会法庭能完全满意的妥协，因为伽利略实际上没有让步。

伽利略自以为真没犯什么大过失，加上他素来与教会感情很融洽，料想结果不会太糟糕。然而，判决下来了：终身监禁。

1642年1月9日，伽利略在忧愤中逝世了。当时的一位知情者写道："今天传来了伽利略去世的噩耗，这噩耗不仅会传到佛罗伦萨，而且会传遍全世界。这位天才人物给我们这个世纪增添了光彩，这是几乎所有其他平凡的哲学家所无法比拟的。现在，嫉妒平息了，这位智者的伟大开始为人所知，他的精神将引导子孙

近代理性主义的创始人 **笛卡尔**

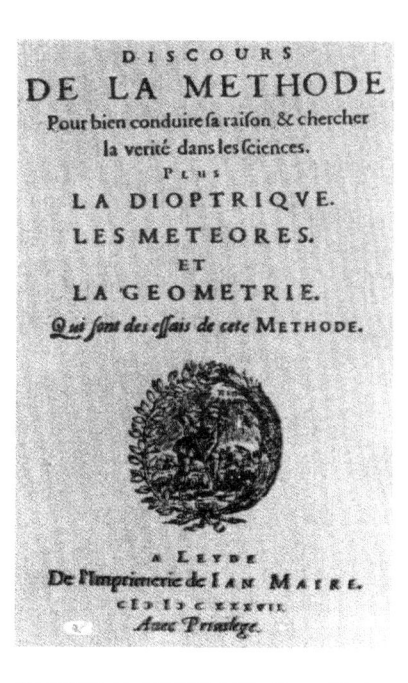

→笛卡尔著作 方法论 1637年初版扉页

后代去追求真理。"

1633年9月，笛卡尔在比利时的列日看到教会法庭判决伽利略为异端的告示，心里一震，又不禁脑中浮现出火刑柱上布鲁诺的形象。笛卡尔深知，他正在写的东西，与伽利略的思想有唇牙的关系。此前，他还热切盼望过伽利略的新著问世哩。现在一切都得另当别论了。笛卡尔当机立断，不发表《世界体系》一书，手稿也要好好藏起来。作为补救，他想把这部书的见解打散开来，改头换面，乔装打扮，零星地写进以后的著作中去，只是写起来得千万小心，最好事先根绝一切可能的麻烦。

1637年，笛卡尔的又一新著在莱顿匿名出版，书名长得烦心：《谈关于正确指导理性和在科学中寻找真理的方法，附折光学、气象学、几何学》。名称虽长，但十分谦虚。笛卡尔曾向麦尔塞纳解释过："我不理解你怎么要反对这书名，要知道，我不题《论方法》而

思想家卷 089

题《谈方法》，这表示是序言或札记，我并不想教导人以方法，只要描述而已。"笛卡尔首先把这书分赠给法国国王黎塞留，荷兰奥伦治亲王，还有母校拉弗赖舍耶稣会教师。

在这本书正文第四部分，笛卡尔提出了使他名传千古的命题：我思故我在。

不要小瞧这短小的断言，它可是深奥得很，它一举改变了人类对自己的理解，带来了人类思想的革命。我怎么知道我活着？我怎么知道我存在？人怎么就和草木不一样？你也许会说我每天吃饭，所以我活着，我存在，但那也许是你在睡觉。"一枕黄粱"的典故说的就是这种道理。你也会说我玩耍，我活动胳膊腿儿，所以我活着，我存在，但那也许是一场梦，"庄周梦蝶"的传说讲的就是人想知道自己是谁的难处。笛卡尔提出我有思想，所以我存在。他把理性思维活动看作人存在的最深根据，借此开创了一个新的时代。笛卡尔也因此

被称为"为人类争取理性权利的人",被誉为"近代哲学之父"。青少年朋友们,也许现在你们还不能完全弄懂这些深奥的理论,那不是你们的错,将来你们会懂的。

在这本书的附录《几何学》里,孕育多年的解析几何也被完整地制订出来了。解析几何学是现代数学思想的基础,也是现代科学最有力的理论工具。从工匠到火箭专家都在不同层次上受惠于笛卡尔创立的方法。

任何一个人,要是有上面说到的任意一项成就,他就可以不朽了,可是笛卡尔却有两个。

→ 与笛卡尔相关的书籍

←法国洛林地区梅斯市

1640年，伟大的笛卡尔又完成了一部巨著，取名为《第一哲学沉思集》。为了这本书，他想出了一个空前绝后的妙计。人们都明白，谁要是在一本书里表达了自己的新观点，就准会有人表示异议，提出批评，而你要是坚持，笔墨官司就会打个没完没了。笛卡尔怕自己的书出来会惹起一大堆反对意见，那时自己就被动了。他一把书写完，就拿它向别人征集意见，尤其是那些与自己见解相左的人的意见。抱着求教的姿态来做这件事，谁会不乐意道出想法呢？于是一篇篇当时著名的大学者的反驳纷纷寄到了作者手里。在尽可能搜罗之后，笛卡尔静坐下来，仔细推敲，就每一组反驳都提出自己深思熟虑的答辩。这样，可能出现的批评，几乎都预先做了答复，这等于消弭了一大半无谓的笔墨官司，或者说先就打完了，而且作者自己

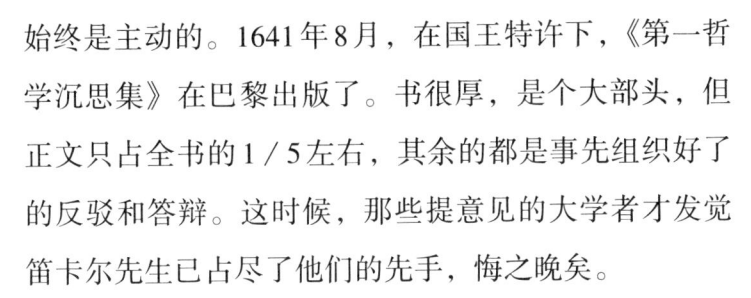

始终是主动的。1641年8月，在国王特许下，《第一哲学沉思集》在巴黎出版了。书很厚，是个大部头，但正文只占全书的1/5左右，其余的都是事先组织好了的反驳和答辩。这时候，那些提意见的大学者才发觉笛卡尔先生已占尽了他们的先手，悔之晚矣。

不过，如果把笛卡尔在荷兰的生活只描述成书斋生涯，可就错了。他诚然是来隐居以成就自己的思想的，但他并不枯燥，他依然抽空去喜欢的地方游访，依然会晤他所喜欢的人或者第一流的学术高手。

1629年，笛卡尔一到荷兰，马上和老友比克曼联系，故知相逢，分外高兴，又议论了许多数学难题。但次年秋季，笛卡尔便和比克曼开始龃龉，他的疑心病犯了。二人从此疏远，只不过终于没有撕破脸皮罢了。笛卡尔最后一次探望比克曼是在这年的冬季，彼时那无辜的老友正缠绵病榻，已是来日无多了。以后，他们彼此虽还有信往来，但没有知己的恳切味道了。

1632年，笛卡尔认识了莱顿大学的数学教授古尔先生。古尔先生是个通才，原是教东方语言的，1629年斯涅耳去世后，他改教数学。在常来常往于古尔家期间，又在这里结识了荷兰诗人、政治家康斯坦丁·惠更斯，当时他是奥伦治亲王的秘书，枢密院成员。此人多才多艺，是荷兰文艺复兴时期最后一位真正的艺术大师,在外交、学术、音乐、诗歌和科学方面都有卓越贡献。在这个人所有伟大成就之中最伟大的,乃是他生了个天才的儿子——小惠更斯,即今天广为传颂的大物理学家,在某些领域比牛顿还强的惠更斯。笛卡尔和老惠更斯相见恨晚,交往日密,二人的通信有140多封,内容多与科学有关。那时小惠更斯还是个不懂事的顽童,待长大以后才更正了许多笛卡尔在科学上的错误。

1634年冬天,在决定自己的《世界体系》不发表的同时,笛卡尔也感到自己毕生向学,可学途日难,荆榛遍地,不禁神思黯然。要医治精神的忧郁,唯有日常的欢娱。在阿姆斯特丹,笛卡尔与一位异性相识了。看来是一见钟情,没几天他们就住在一处了。次年7月,在德文特,笛卡尔做父亲了。喜得一女,取名法兰辛·笛卡尔。爸爸对女儿喜欢得不得了,学问的果实能不能结出来且不去管……天伦之乐

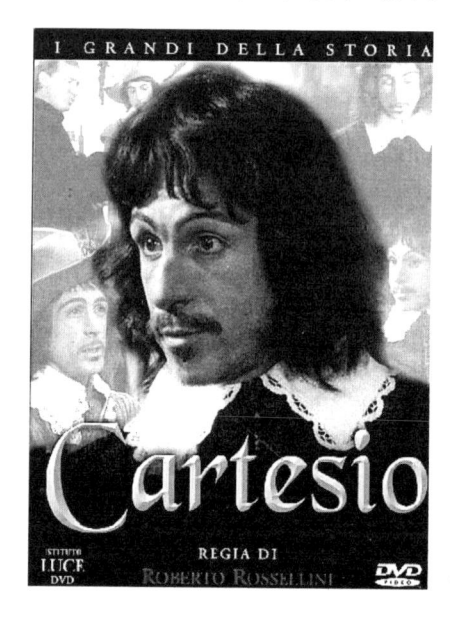

← 关于笛卡尔的书籍

中的哲学家显然十分幸福。女儿4岁的时候，老友惠更斯鉴于笛卡尔身体时好时坏，劝他发表《世界体系》，他却忧虑全无，自称"不怕死亡，热爱生活，况且30年来，身强齿健"。他早就告诉麦尔塞纳，此稿也许须待他百年之后才能面世。

老话总是对的，福兮祸之所伏。1640年9月，笛卡尔5岁的小女儿死了。祸不单行，10月他的父亲和姐姐也相继辞世。幸福的气氛一扫而空，孤独的人又孤独了。

可以料到，失去亲人的人将更渴望投入友人的怀抱。1642年6月，笛卡尔在莱顿近郊，会见了捷克大教育家夸美纽斯。后者从英国取道荷兰赴瑞典，顺便会晤鼎鼎大名的法国哲学家。他的著作《泛智的先声》笛卡尔早从别人那里借来读过。笛卡尔趁此会见向大教育家表达了自己对教育的见解。

常有人说，隐居是出名的终南捷径。不知道笛卡尔隐居荷兰是否有此用心。从效果看，笛卡尔的名声反正

→ 捷克教育家 J.A.夸美纽斯

是越来越大,不夸张地说,名震西欧了。盛名之下,总有谤言。1642年3月,笛卡尔接到了政府转来的诉状。原来有人向荷兰当局告下了笛卡尔,说他以异端的思想破坏人们对上帝的信仰。笛卡尔似乎要吃官司了。所幸法国驻荷兰大使蒂利埃及时向自己的同胞伸出了援手,他请求有权势的奥伦治亲王出面干预。在亲王的调停下,大事化小,小事化了了。其实,笛卡尔的论敌曾把许多稀奇古怪骇人听闻的故事扣到笛卡尔头上。例如,有人说见过笛卡尔制造了一个自动机女娃娃,以证明禽兽是机器;有人说他把自动机装入箱子,偷带上船,细心的船长十分好奇,打开了哲学家的箱子,女娃娃,立刻哇哇乱叫,四处走动,吓得众人把它视为精灵扔出舱外。这件事如果是真的,笛卡尔就得上火刑柱。因为人们认定像那样有生气的东西,只有上帝才有资格造。

← 牛顿

近代理性主义的创始人　**笛卡尔**

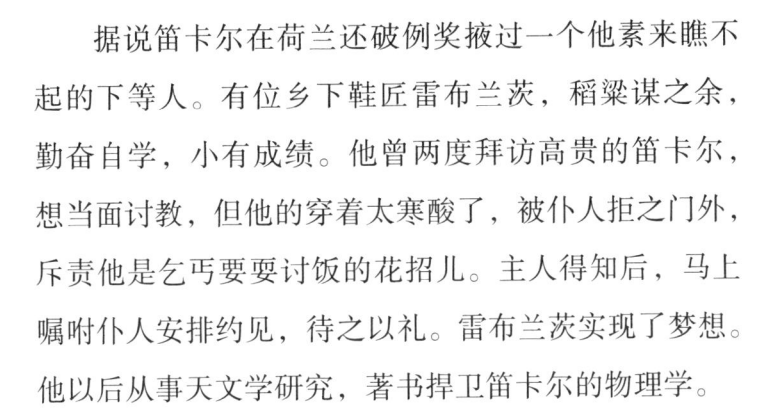

据说笛卡尔在荷兰还破例奖掖过一个他素来瞧不起的下等人。有位乡下鞋匠雷布兰茨，稻粱谋之余，勤奋自学，小有成绩。他曾两度拜访高贵的笛卡尔，想当面讨教，但他的穿着太寒酸了，被仆人拒之门外，斥责他是乞丐要耍讨饭的花招儿。主人得知后，马上嘱咐仆人安排约见，待之以礼。雷布兰茨实现了梦想。他以后从事天文学研究，著书捍卫笛卡尔的物理学。

1642年10月，笛卡尔得到消息，波希米亚公主伊丽莎白陪伴她的寡母流亡到了海牙。这位公主就是前面提到过的那位在笛卡尔随军攻入布拉格时夹在难民中的4岁女孩。如今，哲学家和公主要相识了。被放逐的伊丽莎白，确乎是一个学习的天才，她掌握了6

→莎士比亚故居

门外语，消化了许多文学著作，之后又转向数学和科学，希望在其中找到更滋补的饮食。有一种说法认为，这个年轻女郎之所以对知识怀有非同寻常的渴求，是因为爱情的失败。不论是数学还是科学，都没能让她满意。后来她读到了笛卡尔的书，发觉终于找到了自己真正需要的，能够填补那痛苦的空虚之感的东西。当然了，伊丽莎白的苦恼是生活的苦恼，数学和科学怎么能够帮她解脱呢，只有哲学才行。

很难确定地知道后来发生的事情。笛卡尔是一位绅士，他有着在那个时代中绅士对哪怕最不重要的王子和公主的习惯性的敬畏和尊重。他的书信是谦恭谨慎、阿谀奉承的典范，但是不知怎的，听起来总不十分真实。一句偶然写下来的轻蔑的话，也许比他所有那些写给或谈及伊丽莎白公主的大量诌媚之辞，更能说明他对这个热心学生的智力水平的真实看法。这个学生一只眼盯着笛卡尔如山的声望，一只眼盯着他死后的著作版权。

笛卡尔曾把自己写的《哲学原理》一书呈献伊丽莎白公主。1645年春天，笛卡尔得到公主正患慢性干咳，就指出通常慢性热源于心情忧伤，告诉她诊治的良方莫过于理智控制情感。伊丽莎白回信承认自己极度沮丧，除了哲学书，什么都读不下去，还说医生曾

近代理性主义的创始人 **笛卡尔**

→ 瑞典

劝她去到温泉疗养。哲学家当然是更倾向于精神疗法的，而且立即行动，著文进一步阐述具体的指导。这就是笛卡尔《激情论》一书的来历。

伊丽莎白公主离开荷兰以后，二人还一直保持书信来往，至笛卡尔去世为止。

1644年夏天，笛卡尔结识克莱尔色列。这位笛卡尔的崇拜者和哲学的爱好者后来成为哲学家著作的一个重要的编辑者。克莱尔色列随后又介绍自己的姐夫夏纽去认识笛卡尔。命运在这里悄悄伏下了收取笛卡尔性命的套索。

1645年秋，夏纽外放出任法国驻瑞典大使。他一上任，第一桩外交事宜就是向瑞典女王克丽斯蒂娜介绍自己同胞的巨著《沉思集》。

　　这位多少有些男子气的女王当时19岁，已经是一个极有魄力的统治者，被尊称为"一个扎实的古典学者""一个有着撒旦般身体耐力、肌肉发达的运动员""一个无情的女猎人""一个泼辣老练的女骑手"，她可以满不在乎地一气骑马奔驰10个小时，最后才是"一位稍微有点妇女气质的女性"。克丽斯蒂娜就像瑞典森林里的伐木工人那样不怕冷，而对那些皮肉不那么厚实的人的软弱，她却特别迟钝。她自己吃得很节省，她的侍臣吃得也很节省。她能像一只冬眠的青蛙，在瑞典的隆冬一连几个小时坐在没有生火的图书馆；伺候左右的随从们冷得牙齿直打架，不得不请求女王把所有窗户打开，让令人可以分散注意力的雪花飘进来。女王注意到她的内阁总是赞同她的意旨，而她也毫不感到于心不安。她要知道所有应该知道的事情，这是她的大臣和导师教她

←克里斯蒂娜（1626—1689）瑞典女王

近代理性主义的创始人　**笛卡尔**

的。由于克丽斯蒂娜每天只睡5个小时，她的谄媚者得经受一天19个小时的折磨。这个神圣的暴君在看到笛卡尔哲学的那一刻，就决定一准要把这个可怜的瞌睡虫弄来，做她的私人教师。所有她到目前为止学到的东西只是使她痛感空虚和渴望学习更多的知识。她就像有学问的伊丽莎白一样，深知只有哲学家本人灌注的丰富的哲理，才能缓解神圣女王对知识和智慧的强烈渴求。

要不是由于笛卡尔性格中那种不幸的势利气质，哲学家很可能就顶住了克丽斯蒂娜女王的奉承，一直到他90岁，没了牙齿，没了头发，没了哲学，没了一切的时候。笛卡尔起初并没有答应，坚持过自己恬淡

→ 整洁的瑞典街道

←瑞典王宫

悠然的隐居生活。本来，他理应坚持住。从前法国国王曾两度许诺给笛卡尔一笔优厚的终身年金，条件是笛卡尔得待在法国。笛卡尔思量再三，还是决意不拿无价的宁静去换喧嚣中的金钱，借口生性喜爱隐居，婉言谢绝了。这回对付一个小小的瑞典女王，重施故技就完了。然而女王自有抗拒不了的热情和执拗，笛卡尔慢慢败下阵来，屈从了女王的要求。

事情的经过是这样的。在夏纽向克丽斯娜提及笛卡尔之后，1647年2月，哲学家收到夏纽转来的女王信件，复信中回答了女王问及的关于爱，包括对上帝的爱、爱和憎、情绪控制等问题，还托夏纽把自己的《激情论》转呈克丽斯蒂娜女王。于是女王立刻延师讲课。她请弗赖恩沙姆讲解笛卡尔著作。此人原是德国

近代理性主义的创始人　**笛卡尔**

→瑞典王宫

语言文学家，应女王先父之邀来瑞典工作，现任王室图书馆馆长。次年12月，笛卡尔收到女王来信，感谢哲学家以长信阐明至善。一个女王就专门的哲学问题向一个哲学家表示感激，任这个哲学家是谁我们都不能责怪他表现出软弱性了。况且，这一招对哲学家来说远比恩赐大把金钱有吸引力，因为多数哲学家视金钱如粪土。

1649年2月，笛卡尔又收到女王来信，这回要求哲学家亲自解释《哲学原理》和《沉思集》。原来，经过近两年的学习，她大有长进，也开始对弗赖恩沙姆的讲解越来越不满足，遂提请笛卡尔自己来解释。女王甚至有更急切的想法。时值夏纽经荷兰回国述职，受女王之托，与笛卡尔见面，并相约于返仕途上同行，

以便笛卡尔前往瑞典讲学。但笛卡尔这时也没爽快应允。

　　没等夏纽回来，克丽斯蒂娜女王就急得不行了，她派海军上将弗莱明率军舰专程来荷兰接哲学家，全班人马都慷慨地接受这位不情愿的笛卡尔支配，谦恭地久久候在岸边。到8月末，笛卡尔顶不住了。他依依不舍地最后环视了一下他的小花园，锁上门，就此永远告别了逍遥的隐居生活，踏上了吉凶未卜的北国之旅。

← 王宫前池塘

相关链接

克里斯蒂娜生平

1626年12月8日，克里斯蒂娜生于斯德哥尔摩。由于克里斯蒂娜出生时长满毛发，且哭声雄亮，接生的人把她误认为男孩子。克里斯蒂娜在自传忆述道："在场的女士发现这错误时，都感到万分尴尬。"国王却十分欢喜，说："这女孩一定会很聪颖，看她作弄了我们所有人！"她的性别之所以会引起混淆，可能是因为她出生时被几乎完整的羊膜包着；但斯堪的纳维亚传统把这种羊膜称为"胜利外衣"，视之为好兆头。国王很疼爱女儿，公主也很敬爱父亲，然而王后却因自己没有诞下男孩而对克里斯蒂娜很冷漠。古斯塔夫二世为了捍卫新教，率兵出国参与三十年战争前申明，若他无法回国，则由克里斯蒂娜继承王位。

国王把克里斯蒂娜当作王子般抚养，而克里斯蒂娜继位时宣誓为"国王"而非"女王"。烦躁的母亲常常告诉她，把她诞下来时是多么痛苦，使她感到内疚，可能是她没有打算诞下儿子作继承人的原因。

1632年，古斯塔夫二世·阿道夫于吕岑阵亡。虽然克里斯蒂娜很少流泪，但她为了父亲的死哭泣了三天。她母亲把国王的遗体从德意志带回国，并中途把棺材打开，抚拍他的遗体——国王于死后18个月才下葬。由于克里斯蒂娜跟先王长得很相似，母亲改变了对她的态度——起初漠不关心，现在却十分注意她。古斯塔夫·阿道夫曾下令，若他不幸战死，克里斯蒂娜应交由姑母卡塔里娜照顾。卡塔里娜跟普法尔茨的约翰结婚，但二人于战争爆发后迁回瑞典，与克里斯蒂娜十分要好；卡塔里娜的女儿后来跟克里斯蒂娜的好友结婚，而她的儿子后来更继承了克里斯蒂娜的王位。然而玛利亚·伊丽欧诺拉王后却不满先王遗令，决定要亲自照顾女儿，并禁止卡塔里娜进入王宫。其后，她常常在密不透光的房间内偷泣。阿克塞尔·奥克森谢纳（Axel Oxenstierna）大法官逼不得已，只得把玛利亚·伊丽欧诺拉放逐至格里普斯霍姆宫，并限制她要得枢密院同意方可见女儿。自此，克里斯蒂娜得姑母一家人做伴，过了3年愉快时光；但卡塔里娜于1639年死后，奥克森谢纳着令她家人迁出王宫。

克里斯蒂娜还是婴儿时，看顾她的护士曾不小心把她掉在地上，使她断了一块肩骨，两边肩膀终生高度不一。但她马术精湛，并学习剑击和射击。她6岁继位时已经很成熟，给俄罗斯大使留下极佳印象。先王指派给她的导师，神学家约翰内斯·马蒂亚·哥图斯（Johannes Matthi & aelig; Gothus）教晓她宗教、哲学、希腊语和拉丁语。

近代理性主义的创始人　笛卡尔

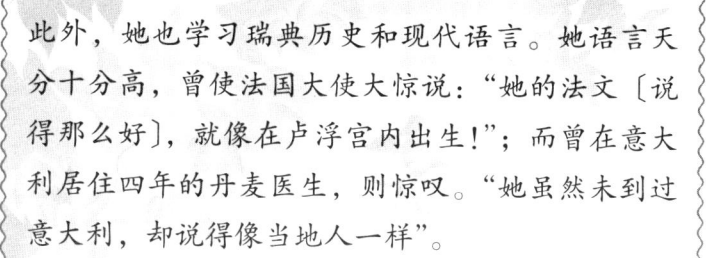

此外，她也学习瑞典历史和现代语言。她语言天分十分高，曾使法国大使大惊说："她的法文〔说得那么好〕，就像在卢浮宫内出生！"；而曾在意大利居住四年的丹麦医生，则惊叹。"她虽然未到过意大利，却说得像当地人一样"。

14岁的克里斯蒂娜是模范学生，教授她政治学的奥克森谢纳曾赞扬她说："她完全不像女孩子，相反，她天资聪敏，遗传了父亲的智慧。"奥克森谢纳和古斯塔夫曾经把国王领地赏赐绅士和将领，以换取他们效忠。克里斯蒂娜后来明白这政策改变了国王和绅士之间的势力平衡。

克里斯蒂娜亲政后，削弱了以奥克森斯蒂尔那为首的贵族权力，恢复了王权。在她执政的短短十年，年青的女王充分显示了她的才干和胆识。如果不是早早产生逊位思想，她很可能成为世界历史上最伟大的女王之一，与中国的武则天、俄国的叶卡捷琳娜、丹麦的玛格丽特、英国的维多利亚齐名。

瑞典在她的统治下国泰民安，她还酷爱学习，善于招揽人才，在位期间创办了瑞典第一家报纸与第一所全国性的学校，并吸引众多的欧洲著名学者前来讲学（笛卡尔就是因她死掉了，因为斯德哥尔摩太冷）。但在鼎盛时候，28岁的女皇将王位让给了自己曾经爱慕的表兄，而后周游欧洲，定居罗马，并在1689年死在了那。

思想家卷

要命的讲学

> 苦难——是一种跌了价的黄金。
> ——高尔基

1649年10月，专迎笛卡尔的军舰驶抵瑞典首都斯德哥尔摩。

哲学家在此享受了平生未有的殊荣，欢迎仪式极其热烈，更不用说庄严盛大了。克丽斯蒂娜女王驾临港口，像迎接国家元首一样迎接了伟大的近代哲学之父。就世俗方面来讲，笛卡尔所受的待遇恐怕在古往今来的大哲学家中算是登峰造极的了。

笛卡尔没有住进王宫，这大大拯救了他。然而，纠缠不休的好心的朋友夏纽一家，粉碎了他想要保持一点清静的最后一线希望。他们坚持要笛卡尔和他们住在一起。本来一切都可能很如意，因为夏纽一家确实体贴入微，十分周到。可是感觉迟钝的克丽斯蒂娜项上那僵死的头脑中，忽然冒出了这样一个念头，她认为对于像她这样一位繁忙强壮的年轻国王，凌晨5

近代理性主义的创始人 **笛卡尔**

点是学习哲学的最佳时间。笛卡尔宁愿拿所有的一切来换一个月在拉弗赖舍的梦乡,还有开明的夏莱神父体贴的关照,不让他起得太早。不过,他是笛卡尔,是绅士,充满了对王室的敬畏,他还是十分尽责地在那个可恶的时刻,黑暗中从被窝里抓出来,哆哆嗦嗦钻进来接他的马车,穿过斯德哥尔摩最萧瑟、最多风的广场赶往王宫。在那儿,克丽斯蒂纳不耐烦地坐在冰窟窿一般的图书馆里,正等着她的哲学课在早上5点准时开始。

斯德哥尔摩最老的居民说,在他们的记忆里从来没有过像那年那样严寒的冬天。克丽斯蒂娜看来既缺

→ 瑞典雪景

乏一个正常人的皮肤，也没有正常人的神经。她什么也没有注意到，只是要求笛卡尔毫不退缩地恪守那可怕的约定时间。笛卡尔曾试图在下午大睡一场，补偿一下多年的老习惯。可女王不久就连这一点休息机会也给他剥夺了。一个瑞典皇家科学院正在她多产的活动中处于孕育阶段，笛卡尔又被从床上拖起来替女王拟定学院章程。

　　朝臣们很快就明白了，笛卡尔和他们的女王在这些冗长的会晤中，议论了许多超出哲学的事。疲倦的哲学家现在也醒悟到，他已经双脚踏进了一个挤得满满的繁忙的黄蜂窝。不管什么时候，什么地点，只要有机会，他们就蜇他，好像他是一个可怕的敌人。女王或许是太麻木不仁，没有注意到她这位新来的宠臣周围正发生什么事，或许她很聪明，正预备通过她的哲学家去蜇她的朝臣。不论是哪种情况，为了平息所谓"外国影响"的恶毒的流言蜚语，克丽斯蒂娜决定使笛卡尔成为瑞典人。于是女王下令封给哲学家一块地产。其实哲学家只想要闲暇，对土地没兴趣。笛卡尔为摆脱困境而作的每次绝望的努力，只是使自己陷得更深。到1650年元月初，笛卡尔已经陷到脖子了，只有出乎意料的粗暴之力能够实现他解救自己的渺茫的希望。但是他那与生俱来的对王宫的恭敬，不能让

近代理性主义的创始人　**笛卡尔**

←瑞典冬天的早晨

他说出可以使他逃回荷兰的想法。笛卡尔只是在给忠实的伊丽莎白写信时，才闪烁其词地表达那已不能实现的梦想。

笛卡尔偶尔中断了一门用希腊语讲授的课程，却目瞪口呆地发现，自称为古典学者的克丽斯蒂娜正在跟希腊语法的儿戏拼命。而这种简单的语法，他自己在孩童时期就把它玩得炉火纯青了。从此以后，哲学家对女王智力的评价看来显得恭敬，实际上却很低了。这个评价也没有因为她坚持要笛卡尔为一次宫廷庆典排演一出芭蕾舞剧来款待她的客人们而有所提高。笛卡尔只是在这种鸡毛蒜皮的琐事上显出了勇气，断然拒绝从命，不愿意在他那个年龄还费力掌握舞蹈的那种庄严的瑞典式跳跃，把自己弄成一个江湖小丑。

不久，夏纽患了十分严重的肺炎，笛卡尔克尽友情，悉心照料。夏纽康复了，笛卡尔却染上了同样的病，这可是他那本来就不强又被女王折腾得更弱的身体吃不消的。女王闻讯慌了手脚，差来了御医。女王有两位医生，一个是法国人里埃，一个是荷兰人维勒。据说后者的一个朋友是笛卡尔在荷兰的论敌，所以笛卡尔平素就烦维勒医生。笛卡尔病倒时，恰巧法国人里埃不在，只得派维勒前来。维勒按当时流行的疗法要给笛卡尔放点血，笛卡尔无名火起，拼上全身力气大叫："你甭打算放一滴法国人的血！"医生只好摇头退去。结果，笛卡尔自己采用土法治疗，用温酒泡烟叶喝。这办法其实比放血更糟糕。

夏纽见此情景，料到笛卡尔怕是有朝无夕了，就建议笛卡尔接受最后的圣礼。迷迷糊糊的笛卡尔示意要见他心灵上的慰藉者——一个天主教神父，把灵魂托付给上帝的仁慈。心灵的慰藉者要笛卡尔表示是不是愿意接受临终祝福，垂危之人睁了一下眼睛，又闭上了。神父照老规矩为他做了临终祝福。他就这样，于1650年2月11日死去了，享年54岁，做了一个刚愎自用的丫头过分的虚荣心的牺牲品。笛卡尔葬于斯德哥尔摩。

笛卡尔逝世13年后，罗马教廷终于认清了已经谢世的敌人，把笛卡尔的著作列入《禁书目录》。

又过了3年，笛卡尔生前的友人达利贝尔趁法国官员访问瑞典之机，提出迁葬要求。客死他乡的笛卡尔，骸骨这才得以运回祖国，改葬于巴黎圣日内维尔—杜蒙特，又于1819年迁入圣日耳曼教堂，也就是现在法国著名的"先贤祠"，这里葬有许多法兰西民族的伟人。

值得一提的是，1667年改葬时，本定举行隆重的安葬典礼。谁料，宫廷屈从于教会的压力，突然取消原定在葬礼上由巴黎大学校长宣读的追悼词，原设计的雄伟肃穆的墓园更无从谈起。

笛卡尔身后，他的遗物、遗稿由他的好友克莱尔色列于1652年从瑞典运回法国。不幸，船驶入内河时失

→图尔——笛卡尔出生地

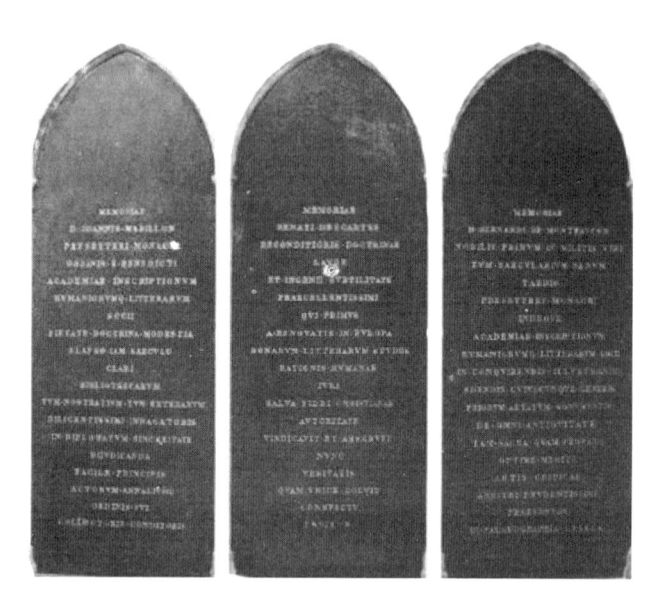

笛卡尔墓碑（中间）

事，小有损失。此后，克莱尔色列陆续清理出版笛卡尔的著作和来往书信。这些，才是真正使笛卡尔不朽的东西。

　　毕竟，死神是哲学也不能战胜的。但是，死神收获的只是尸骸，而哲学却永存于世，沾溉百代。时至今日，笛卡尔的解析几何，笛卡尔的"我思故我在"，仍如皓月当空，至少也是夤夜星明。我们还将继续领受他创下的福祉。我们应当心存感激，对那位近代理性主义的创始人。

相关链接

轶事：蜘蛛织网和平面直角坐标系的创立

据说有一天，笛卡尔生病卧床，病情很重，尽管如此他还反复思考一个问题：几何图形是直观的，而代数方程是比较抽象的，能不能把几何图形和代数方程结合起来，也就是说能不能用几何图形来表示方程呢？要想达到此目的，关键是如何把组成几何图形的点和满足方程的每一组"数"挂上钩。他苦苦思索，拼命琢磨，通过什么样的方法，才能把"点"和"数"联系起来。突然，他看见屋顶角上的一只蜘蛛，拉着丝垂了下来。一会儿工夫，蜘蛛又顺这丝爬上去，在上边左右拉丝。蜘蛛的"表演"使笛卡尔的思路豁然开朗。他想，可以把蜘蛛看作一个点。他在屋子里可以上、下、左、右运动，能不能把蜘蛛的每一个位置用一组数确定下来呢？他又想，屋子里相邻的两面墙与地面交出了三条线，如果把地面上的墙角作为起点，把交出来的三条线作为三根数轴，那么空间中任意一点的位置就可以在这三根数轴上找到有顺序的三个数。反过来，任意给一组三个有顺序的数也可以在空间中找到一点P与之对应，同样道理，用一组数（X，Y）可以表示平面上的一个点，平面上的一个点也可以用一组两个有顺序的数来表示，这就是坐标系的雏形。

← 笛卡尔